明儒學案

民族文化再覺醒

ISBN 957-13-1485-4

原著者簡介

明儒學案

黃宗羲清初餘姚人，字太沖，號黎洲，生於明萬曆年間。甲中變後，事魯王，官御史，明亡隱居不出，殫精著述；其學以濂、洛為宗，而旁及百氏，主先窮經，而求證於史，豁然貫通，為當代大儒。

其生前嘗築續鈔堂於南雷，學者稱為南雷先生，著有：宋元學案、明儒學案、易學象數論、南雷文定等。

編撰者簡介

方武

中國文化學院哲學系畢業。
對藝術、歷史及科學發展史亦有獨到的見解，曾多次參與兒童讀物之譯介工作。
現任：双溪啓智中心。

致讀者書

親愛的朋友：

人的生命有兩種：一種是自然的生命，一種是再造的生命。

自然的生命就是每個人天生都具有的天眞、靈感、熱情與追求的熱忱，這些生命中所具有的理想性質，在人年輕時，它通常都是向外在世界在追逐著的！然而這種外向追逐的自然生命會慢慢消失，大約在人三十歲左右的時候，會發覺這一切外向的追求，最後都不能滿足人生命內在那種空虛的孤寂感，於是有一天終於下決心捨棄了這一切外在現實的知識與慾求的追逐，而徹底返回到自身內在生命之廣大領域中來，從新立在人性之基礎上，做一全面之反省與規劃！這就是人之再造生命的開始，孔子說它是「三十而立」！歷史上的偉大心靈都曾經通過了這些過程，明代儒家學者中的各位人物，不論他們之實際遭遇如何，但經他們都或多或少自覺或不自覺地，曾經在這條人跡稀少的路途上邁著步伐，是默默地走過。

我們所活著的時代與環境，是一種人類空前複雜的社會，人之心靈與生命所受之干擾與撞擊是極為沈重的，生命之種種可能，被限制在極狹小與軟弱的圈子裡面！或許此書中所介紹的人物，他們的生活方式與想法，對我們來說是非常陌生與格格不入的，但他們至少提供給我們多一種人類生活與追求的典型，或者，將因此而為我們眞正第一次揭開了廣大生命帳幕之一角，而看到了一種新生命之可能，從而改變了我們之一生！

本書全部文稿承蒙臺北市啓智協進會附設陽明養護中心李淑惠老師費心謄寫及雙溪啓智中心李寶珍老師之校閱，她們平時為了敎導低智能兒童付出了極大的愛心與辛勞，特別在此向她們致最高的敬意與謝忱！

民族文化再覺醒 明儒學案

目錄

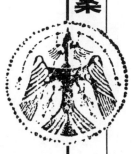

明儒學案
民族文化再覺醒

崇仁學案

吳與弼

明代儒家學術的開端人物，首先當提到的是吳與弼ㄅㄧˋ。

中國儒家學說的起始與傳承，可以稱得上源遠而流長，自從先秦時代的孔子、孟子以來，經歷了漢、唐、宋、元數個朝代千餘年的發展與演變，其中尤其是到了宋朝，更是出了不少傑出的人物，像周敦頤ㄧˊ、程顥ㄏㄠˋ和程頤兄弟、朱熹ㄒㄧ，以及陸象山等人，都是當時的大儒，深受當時一般學者的敬重。這樣使得儒家學說的傳承，不但沒有因爲長期的流傳演變而喪失了活潑的朝氣，反而更注入了新血，開創出一個新興的局面。

可惜的是這一個中國文化發揚開展的生機，因爲宋朝被元朝所滅亡而活生生的被斬斷了。元朝是當時北方民族蒙古人在中國漢人的土地上所建立的朝代，由於他們本身文化程度低落的原故，對於學術思想的提倡與人才的培養都不怎麼重視，因此經過他們長達百年的統治之後，學術思想就像被一場大雪風霜給封蓋了一般，人才都逐漸地凋零了。一直要到後來明太祖朱元璋出來，趕走了蒙古人，重新恢復了漢人的江山之後，儒家學說才又開始像初生的小草從冰雪覆蓋的大地中，悄悄地萌芽抽長漸漸的抬頭。而在此大病初癒的時期，第一位復出而又卓然有成的儒家代表人物，就是我們一開始所提到的吳與弼。

吳與弼字子溥，別號康齋，撫州崇仁人（今江西省崇仁縣，本章的篇名「崇仁學案」，就是因爲這個原因而得名的）。明太祖洪武二十四年，也就是西元一千三百九十一年的時候，吳與弼先生誕生了。從小他就像貌不凡，頗有氣度；十九歲那年，他到京城裡去探望在朝中做官的父親，同時跟著父親的同事楊文定先生求學。

從楊先生那裡得到一本名叫「伊洛淵源錄」的書㊀，一讀之下大爲感動，明白聖人雖然了不起，但只要自己肯努力學習，奮發上進，終有同樣的一天。於是立志要追求聖人的大道，從此也不再打算求功名、做大官了，拋開一切瑣事，一個人獨居在一間小閣樓上，每天就與四書（論語、孟子、大學、中庸）、五經（詩、書、易、禮記、春秋）和前代大儒的著作爲伴，仔細研讀並加以深刻反省，就這樣足不出戶的渡過了兩年的光陰，本來偏於剛忿的氣質，從此也有了改善。

二十一歲那年奉父親之命，回家鄉成婚，半路上在過江時遇到大風浪，眼看著船就要翻了，同船的人都驚慌害怕，只有先生獨自一人，衣冠整肅，端坐在船艙中，鎭定如恆，毫不慌亂。事後脫離險境，有人問他當時爲什麼不怕，先生回答道：「大丈夫處事但求執守正道，至於人生中會遭遇那些吉凶禍福，不是人力可以控制的，所以我們不必放在心上，一切聽從上天的安排就是了，不必害怕。」

完婚以後，就在家鄉種田爲生。這時各地來向他求學的人一天天多了起來，大家住在一起，師生一同耕種、一同飲食，生活雖然淸苦，却都安貧樂道。

有一天先生在田中收割稻穀，手指不小心被鐮刀割傷了，這個時候先生忍痛說道：「爲學的人就是要養成堅忍的心性，豈可因爲受到一點外物的侵害就擾亂了心志！」於是繼續割稻，就像是不曾發生過任何事情。

那時有一位名叫陳獻章的靑年（後面會有一章專門講他），曾經中過秀才，從廣東來到江西，拜在先生門下求學，也住在一起。有一天大淸早，天才剛有一點微明，先生就起來打穀了，而這位年靑人却還沒有起牀，於是先生就在他的房門外大聲說道：「秀才怎麼可以這麼懶惰，這樣下去，那一天才到得了聖賢的境地啊！」陳獻章聽到了非常慚愧，從此努力上進，再也不敢偷懶，後來終於也成爲一位大學問家，成就還不下於他的老師吳與弼呢！

由於吳與弼先生的品德淳厚，學問高明，所以地方上的官吏都紛紛推薦他到朝廷中做官，當時的皇帝英宗也下詔書禮聘ㄆㄧㄣ他到京師去講學，他都一一加以懇辭，後來逼迫得緊了，不得已去京城走了一趟，可是仍然堅決不肯做官，待了一陣子，最後還是告老還鄉了。

先生一直活了七十九歲，到明憲宗成化五年，也就是西元一四六九年方才去世。他一生的主要思想，大都記載於每天的生活筆記中，取了個名字叫做「日錄」，就是每日記錄的意思，內容大部份是關於自身求學讀書的心得，以及反省思考的感想，很少涉及他人的是非。現在就摘錄一些在後面。

【日錄】

1. 日夜痛自點檢且不暇，豈有工夫點檢他人?!責人密而自治疎ㄕㄨ矣，可不戒哉！明德新民㊁雖無二致，然己德未明，遽欲新民，不惟失本末先後之序，豈能有新民之效乎?徒爾勞攘成私意也。

【譯述】 人每天深切地自我反省都來不及了，那裡有工夫去指責他人的過錯呢?!如果整天只顧著去指責別人，恐怕就顧不到自己的進修了吧！這可要當心啊！修養自己和提昇別人，本來都是求學的人應該去做的事，因為這兩件事的目標都要人德性完美。只是如果自己的品德都還沒有修養好，就急躁地要提昇別人，不僅失去求學的先後秩序，恐怕也達不到提昇他人走上正途的目的吧！那也只不過是拿自己的成見去跟別人爭執罷了！

2. 思債負難還，生理蹇ㄐㄧㄢˇ澀ㄙㄜˋ，未免起計較之心，徐覺計較之心起，則爲學之志不能專一矣！於是大書「隨分讀書」於壁，以自警。

【譯述】想起積欠的債務難以償還，生活艱困，不免心中有所忿忿不平，對現實中的得失就看得重了起來。但是過不久又覺悟到一個人得失心一重，那麼心情難免紛擾雜亂，再要專心讀書求學就難了！於是寫了「隨分讀書」四個大字貼在牆壁上，警惕自己安貧樂道，好好讀書，不要有非分之想。

3. 近晚往鄰倉借穀，因思舊債未還，新債又重，此生將何如也。徐又思之，須素位而行㊂，不必計較，「富貴不淫貧賤樂，男兒到此是豪雄」，然此心極難，不敢不勉，貧賤能樂則富貴不淫矣！貧賤富貴，樂與不淫，宜常加警束，古今幾人臻ㄓㄣ斯境也。

【譯述】傍晚到鄰家去商量借一點米回來好煮晚飯，因此想起過去的舊欠尚未還清，現在又加上新的積欠了。這一生要怎麼辦才好啊！過一會又想到，人生在世應當安於自身的命運，依理行事，不必去斤斤計較，所謂「富貴不淫貧賤樂，男兒到此是豪雄」，就是這個意思，但是要經常保持這種心境，那可真難了！不敢不努力的去學習力行。說真的，如果真能處於貧困的環境也坦然自得，那麼一旦富貴來臨也不會驕奢放蕩了。人生在世對這些事情要常常自我警惕，要知道古往今來又有幾個人真能做到這一步啊！

4.凡事須斷以義，計較利害便非。

【譯述】遇到事情，要下判斷、作決定的時候，應該先顧到道德原則，不要先想到利害得失。

5.夜大雨，屋漏無乾處，吾意泰然。

【譯述】晚上下大雨，房子漏了，到處都是溼淋淋的，我的心情卻仍然舒適安祥，沒有因此而煩惱。

6. 凡百皆當責己。

【譯述】凡事有了挫折或不順當的地方，都應該反省自己的錯失，不要責怪別人。

7. 處大事者，須深沈詳察。

【譯述】擔當大任，處理大事的人，必須能夠鎭靜沈著，同時又要心細精明才行。

附註

㈠ 宋朱熹撰著，共十四卷。記載宋代理學家周敦頤、程氏兄弟之交遊及門弟子四十六人之言行。

㈡ 明德新民　這兩個詞語出自「大學」一書，大學中說：「大學之道，在明明德，在親民，在止於至善。」其中的「親」字，宋、程子說：「親當作新。」這裏以「明德」和「新民」對舉，「明」和「新」都是動詞。明德是說：修養德性，使德性光明。明德之後，推己及人，也使他人能革除舊習氣的汚染，呈現德性的光明，叫新民。

㊂ 素位而行　語出自「中庸」。素，現在。位，地位或遭遇，和個人的命運有關。行，依理而行。這句話是說：不管處在那種地位或那種遭遇，都能依理而行。

胡居仁

前面我們談吳康齋先生的時候，提到有許多人來向他學習，在這些人當中，後來比較有成就的有胡居仁、婁諒、陳獻章等人，我們都會一一介紹，現在就先講胡居仁。胡先生字叔心，居仁是他的名，江西省餘干縣人，當時一般學者尊敬他，都稱他爲敬齋先生。先生二十歲那年，立志終身追求人生最高的智慧，向古往聖賢學習，徹底解決生命中的一切問題。二十一歲去江西臨川拜見吳康齋先生，求他指引，後來受到感召，也學他老師不願意做官求功名，回到家鄉梅溪山中築了幾間房子，住在那裡，除了事奉雙親及教一些弟子讀書之外，不理會外邊的俗事。這樣子隱居了一段日子之後，爲了要擴大自己的見識，於是下山到各處尋師訪友，曾經到過福建、浙江、南京等地。再回到家鄉之後，經常與鄉人婁諒、羅一峯、張東白等人，聚會在弋ㄧ陽的龜山及餘干的應天寺，彼此切磋ㄘㄨㄛ。並且在白鹿書院和桐源書院講學，教導後進。當時淮王也聽到他的聲名，特地請他到王府中講解易經。另外又要將他的詩文輯印成書，先生謙謝道：「如今我的學問還不行，將來如果有了進境之後再說吧！」

先生平日在家很孝順，父親生了病，聽說病情的輕重可以由病人排泄物的味道試驗出來，於是親嚐父親的糞便，以測病況。父親過世了，三年之中不與妻子同處一室。日常生活都遵守古禮，不同於一般流俗。

先生一生嚴肅堅毅，淸苦度日，家中世代務農，到先生這一代更是窮困，可是雖然如此，先生却因心懷大志，理想高遠，所以並不以此而在意，反而覺得蕭然自得。一般人通常都在追求生活上的享受，而忽略了精神上的鍛鍊，先生却認爲應該以仁義滋潤身心，至於居住的環境只要勉強過得去就行了！

先生生於明宣宗宣德九年（西元一四三四年），逝於明憲宗成化二十年（西元一四八四年）享年五十一歲。後來到明神宗時，迎先生靈位入孔廟，與先聖先賢共享祭祀。先生一生的操守，得力在日常生活中事事誠敬，當時有人寫了一首騷賦體的詩評論他：「君學之所至兮，雖淺深予有未知，觀君學之所向兮，得正路抑又何疑，倘歲月之少延兮，必日躋ㄐ丨乎遠大，痛壽命之弗永兮，若深造而未艾」，大意是說：您先生的學問深淺，因爲我自已學問不夠不敢批評，但是在大方向、大原則上是正確而不容懷疑的；如果您能多有幾年的歲月，再加以鑽研，一定會更加遠大光明，只可惜您這麼早就去世了，不能完成您的大業。先生一生大致上的確是如此。留下的遺著有「居業錄」一書，現摘要如下。

【居業錄】

1. 人心一放，道理便失；一收，道理便在。

【白話試譯】求學的人就是要專心，只要一懈怠，心中的道理和標準就容易忽略過去；但只要一警醒過來，專心精進，則良知就又都呈現出來了。

2. 真能主敬㈠，自無雜慮。欲屏思慮者，皆是敬不至也。

【白話試譯】人活著如果真能專注在追求生命理想上，自然胸中不會有邪雜的念頭纏繞著。有些人想要剔除雜念，以爲必須克制心中的一切念頭，其實人那能做到心中毫無念頭呢？只要能專注在追求生命理想上，不讓念頭轉移到邪惡的事情上去就是了。

3. 滿腔子是惻隱之心，則滿身都是心也。如刺著便痛，非心而何?!然須知痛是人心，惻隱是道心㈡。

【白話試譯】 有人能夠經常體諒別人，心中充滿仁愛，這都是充分發揮人類天性的原故。平常像我們被針刺到了就會覺得痛，雖然也是人的一種天性，只是我們一定要分清楚：知道痛是一般人都具有的本能，而善於體諒他人，心懷仁愛却是人類天性中最值得讚美，最難得做到的一種德行。

4. 天下縱有難處之事，若順理處之，不計較利害，則本心亦自泰然；若不以義理為主，則遇難處之事，越難處矣。

【白話試譯】 人活在世界上，往往會遭遇到一些困難，這時如果能冷靜地分析這件事情應該怎麼做，然後就順著道理去做，不計較成敗得失，那麼自己內心中也就能夠保持心平氣和了。相反地，如果不能順著義理去做，那麼做不成，自然困難還是存在著；卽使做成了，相信仍然不是徹底的解決，只是暫時將困難應付過去罷了，心中依舊不會平靜安適的。

附註

㈠主敬　修養德性的一種工夫，即以虔敬之心爲一切意念行爲的主宰，使心靈常在自覺純一的狀態。

㈡人心道心　人類心靈的兩層區分，統理人的自然本能，而能感觸知覺的心是「人心」；根源於良知本性，而能關愛他人，辨明是非的心是「道心」。人心落在形軀感官的層次，道心則通於天理。

婁諒

婁諒，字克貞，別號一齋，江西省上饒縣人。少年時期卽胸懷大志，要做人間第一等的聖賢人物。曾經遊歷四方，找尋有學問的人做自己的老師，可是都失望了，因爲那些先生們所研究的學問，所教導的道理，都是應付科舉考試的死知識，而不是教人解脫生命中各種痛苦的真學問。一直要到後來，聽說大儒吳康齋先生在臨川（吳先生家鄉撫州州政府辦公的所在地）講學，才前往跟隨他求學。康齋先生一見之下，知道他是一個大器，非常高興，稱讚他聰明上進，留他住了下來。

有一天，吳康齋先生要處理一件有關土地的事務，派先生作代表，並且說道：「求學的人不能整天只知道讀書，有時也要在日常事務上多磨鍊才行！」本來先生的性格一向是非常豪邁而不拘小節的，自從經過老師這次的點醒之後，脾氣大爲收斂，並且縱然是掃地灑水之類的小事，也自己動手去做，對家中的僮僕也都以禮相待。因此漸漸地深得康齋先生的器重，平常康齋較少和衆弟子談起的高深學問，這時對先生也都傾囊ㄋㄤ相授，其餘弟子從此才真正見識到師門學問的博大深厚。

當時有一位學者名叫羅一峯，也前來拜訪吳康齋先生，康齋知道這個人的性格剛強自負，有心敎誨他，於是故意不見，先生在旁邊勸道：「這位羅先生是一位有志氣的知名學者，老師怎麼不肯見他呢？」康齋故意大聲說道：「我那裡有工夫見這樣一個小後生啊！」羅一峯在門外聽到了，非常生氣，於是到處寫信給四方的朋友和學者，數說吳康齋欺世盜名，想來並沒有什麼眞實的學問，只是喜歡作怪罷了！另外有一位叫做張東白的學者也跟他一同附和這個說法！康齋先生聽到這些事，理也不理，好像根本不知道有這回事一樣。先生這時就出來指引羅一峯和張東白二人，對他們說道：「自古以來，君子和小人不容並立於當世，今天你們這樣子批評吳康齋先生，說他欺世盜名，就像是個小人，如果後世果然認爲吳先生是小人，那麼二位仁兄自然就是君子了！可是萬一後代的人却認爲吳先生才是君子的話，不知道二位仁兄要怎麼自處才好？」兩人聽了之後恍然大悟，非常慚愧，從此再也不敢對吳康齋先生有什麼無禮的舉動了！

先生一生著作不少，可惜後來因爲先生的女婿造反被捉了起來，子孫也都被連累而關入牢獄之中，慌亂之際，文稿散失而未能留傳下來。

明孝宗弘治四年（西元一四九一年）先生得病去世，臨終時召門人訣別，並命門人查宋代大儒周敦頤、程明道等人去世的日期，發現跟他自己都一樣是在夏天，於是含笑而死。距生於明成祖永樂二十年（西元一四二二年）享年七十歲。

白沙學案

陳獻章

陳獻章字公甫，廣東省新會縣白沙里人（本學案因此而得名）。他的身材高大，有八尺長，眼光如天上星星一般明亮，右邊臉上長有七顆黑痣，排列的形狀像天上的北斗七星，容貌甚是奇偉！從小聰明異常，又非常機警；讀書只要看過一遍就記住了，可以稱得上過目不忘。

在孟子這本書中曾經有一章討論人的品格，各有不同，其中有一種人，品格高尚，行事皆合於天理，一定要自己的德行學識都達到最高的水準，並且施行起來能夠令天下百姓都整體提昇的地步，他才肯出來推行他的抱負，不然的話，他寧願沒沒無聞的死去，也不肯降低自己的理想去迎合他人，這種人因爲他們凡事都合於天理，孟子就稱他們叫作「天民」。而獻章更是經常誦讀這一章，並且感嘆道：「做人就是應該學習『天民』這一種人才是！」

有一日，睡夢中夢到自己在彈石琴，樂音洋溢和諧，突然來了一個人說道：「金、石、絲、竹、匏（ㄆㄠˊ）、土、革、木八種樂器之中，惟有石琴難以奏得和諧，您能夠彈得這樣好，莫非以後將有偉大的成就嚒！」醒來之後，回想夢中的徵兆，替自己取了一個別號，叫做「石齋」。

二十一歲時入當時的國立大學「國子監（又稱太學）」讀書，二十七歲到崇仁去拜吳康齋先生爲師，繼續深造，從此決心不再參加任何考試，待了一年之後，返回家鄉，十年之間閉門不出，專心求學。三十九歲那年重遊太學，太學校長邢ㄒㄧㄥ讓見到獻章的詩文大爲讚賞，在朝廷裏大加宣揚，認爲這才是眞正的大儒，於是獻章的名聲一時在京城中哄動起來。

返鄉之後前來求學的弟子漸漸多了許來。就這樣讀書講學，一幌ㄏㄨㄤ就是十六年過去了，此時獻章的學問愈博，德行愈淳ㄔㄨㄣ，遠近皆知。廣東地方最高行政首長布政使彭韶ㄕㄠ及地方監察委員都御史朱英等人紛紛出面向朝廷推薦ㄐㄧㄢ，上書說道：「國家最需與的是賢德的人才，如今臣等自認爲無論是在才幹或品德方面，都萬萬及不上陳獻章，現在我們冒居高位，卻令陳獻章一生終老於鄉野，心中非常不安，深怕使國家白白地喪失了人才！」皇帝接到了報告，就在京城中召見獻章，獻章到了京城，朝中大臣有嫉妒他的人，故意先不讓他去見皇帝，而命他到吏部去考試，獻章對於這種無禮的要求，當然不肯接受，假稱自己生病不去，上書給皇帝，請求讓他回鄉去養老，終於得歸。

明憲宗弘治十三年（西元一五〇〇年）先生病重，眼看就要不治了，新會縣長左先生特地請了一位名醫來替先生治療，門下弟子都認爲病情嚴重，實在已經不可救了，先生却在病中掙扎着說道：「左先生是好朋友，既然請了大夫來看我，雖然明知無藥可救了，但是須要盡朋友之情。」於是勉強將大夫的藥喝了一口，才讓弟子將他們送回去。不久先生就去世了。距生於明宣宗宣德三年（西元一四二八年）享年七十三歲。

先生一生的學問以「虛」爲基礎，以「靜」爲入門的工夫。明代儒家學者追求生命智慧的方法路向，自從吳康齋先生起，開始努力，到獻章時才明朗而有一正軌可循，一直要到中期明學的代表人物王陽明先生出來之後才有所大成。先生曾經敍述自己求學的過程：「我到二十七歲的時候，才真正開始發奮讀書，跟隨我的老師吳康齋先生學習，吳老師對於古代先聖先賢所留下來的著作，沒有一本不教我讀的，只是不知道下工夫入門的途徑。等到回到家鄉之後，閉門苦讀，專心求用功的方法，由於沒有師友的指引，每天僅靠書本中的知識，雖然有時甚至忘了吃飯睡覺，幾年下來也沒有什麼心得，我認爲沒有心得，指的是我內心中的意念與書上的道理不能互相印證，於是生出許多矛盾與痛苦。從此捨棄書中繁瑣的知識，只求依照本性，自然地生活，平日有工夫就靜坐一處，讓心思平靜下來，久了以後，可以感覺到心中漸漸有個主宰，日常生活中的種種應酬，現在都能輕鬆地應付而不會亂了分寸，體會事物的道理，跟書中先聖先賢的道理比較一下，也都各有脗ㄨㄣ合的地方，不再像從前覺得毫無頭緒來歷了。於是自信認為找到了求大智慧的入門方法了。」

先生著作頗多，摘要如下：

【論學書】

1.君子未嘗不欲人入於善，苟有求於我者，吾以告之可也；強而語之，必不能入，則棄吾言於無用，又安取之。且衆人之情，既不受人之言，又必別生枝節以相矛盾，吾猶不舍而責之益深，取怨之道也。

【譯述】大凡是君子，都很願意人們能夠明辨是非，一心向善；所以只要有人前來請教做人處事的道理，沒有不樂意教導的；但是如果別人沒有前來請問，而自己喜歡主動去給人家講道理，勉強對方聽從，往往聽的人都不會真心誠意的接受，認爲你是多管閒事。並且由人之常情推想，他既然不接受你的勸告，多半還會找出許多理由來和你辯駁ㄅㄛ，這時如果仍不警覺，還要責怪人家不聽勸導的話，那麼一定會招來對方的怨恨了。所以君子敎人，一定要等到有人願學，時機恰當的時候才敎，這樣才能收到良好的效果。

2. 人要學聖賢，畢竟要去學他，若道只是個希慕之心，却恐末稍，未易湊泊，卒至廢弛。若道不希慕聖賢，我還肯如此學否？思量到此，見得個不容己處，雖使古無聖賢爲之依歸，我亦住不得，如此方是自得之學。

【譯述】 讀書人要學聖賢，必須眞正在思想與生活上踏實地去學才行；如果只是心中存有一個羨慕聖賢的心，希望自己也能成爲聖賢，却不照着做，那麼縱然羨慕一輩子，也只是個凡夫俗子罷了，終究一事無成。要是有一天能夠自問：「如果我努力一輩子，終究成不了聖賢，那麼我還肯一樣努力用功，照聖賢的道理去做嗎？」能夠想能到這一層，能夠在心中有一種由不得自己好惡，就是必須終身努力追求聖賢大道的力量生根了，卽使古往今來根本沒有什麼聖賢人物，可以做爲我們追求的目標，而自身仍然不肯懈怠，這才眞正算是有一點心得了。

3. 學貴知疑，小疑則小進，大疑則大進，疑者覺悟之機也，一番長進，更無別法也，卽此便是科級，學者須循次而進，漸到至處耳。

【譯述】讀書求學會要發掘問題，因爲唯有心中產生了疑問，才會進一步去找人請敎或討論，這樣才能增廣見識，而不是讀死書。所以有小疑問，就有小進步；有大疑問，就有大進步。如果根本沒有疑問，那頂多是背得一大堆死書本，死道理罷了。因此能產生懷疑，是覺悟的第一步，要想有進步，除此辦法之外，也沒有其他什麼好法子了。這些是求學途中必經的過程，慢慢依着順序求進步，自然能漸漸到達覺悟的境地！

4. 君子以道交者也。

【譯述】君子相交，心中往往都有一種默契，因爲他們都在共同追求着一個崇高又遠大的理想。

5. 自然之樂，乃眞樂也，宇宙間復有何事。

【譯述】 當人處在大自然中，所感受到的那種生命整體被大包容而大自由、大昇揚的情感，是人活着的一種眞正快樂，宇宙之間，對人來說，領略過這種自然之樂之後，對其他事物也就不怎麼值得掛懷了。

6. 爲學莫先於爲己爲人之辨，此是擧足第一步。

【譯述】 求學的人第一步最重要，必須弄淸楚讀書求學是爲了充實自己的生命，解決自身對生命的疑惑與困苦；而不是讀了一大堆書之後，好向別人誇耀，或者憑此求取現實中的利益。

河東學案

薛瑄

前面我們介紹的幾位初期明學中的傑出人物都是南方人，現在我們來介紹一位明代初期北學的代表人物，他就是薛瑄。

薛瑄字德溫，別號敬軒，山西省河津縣人（因爲當地位於黃河之東，所以又稱爲河東，本學案乃因此而得名）。先生出生之前，母親夢到一名紫衣人進入屋中拜謁一ゼ，醒來就生下先生；先生初生下來，全身肌膚如水晶一般透明，腹中五臟隱隱然可見，家中驚爲怪物，只有祖父聽到他啼哭的聲音宏亮異常，說道：「這個小孩與一般小兒不同，要好好照顧，將來或許成就非凡！」從小讀書，一、兩遍之後就能背誦出來，非常聰明。二十一歲的時候，跟魏希文與范汝ㄖㄨˇ舟兩位先生遊學，一同講論經史名理，下課後，魏、范兩先生私下對人說：「聖賢的學問後繼有人了！」，結爲小友，不敢以老師自居。從此奮發追求大道，精思力行，隨時與經書上的道理相互印證，一有不明白的疑難，常常整夜都睡不着覺。三十三歲中了進士，被任命爲監察御史，專門糾舉失職的官吏。朝中公卿有人想要認識他，請他去家中見面談一談。先生辭謝道：「我的職務是專門檢舉他人是否失職，不但要大公無私，更因此自己與官員之間不能有一絲一毫的私情，否則會令人起疑而不能讓人心服了。所以怎麼敢私下到您的家中去拜訪呢?!」主人聽了之後都不由得感嘆起來！

先生爲學，注重苦學力行，將文章辭藻放在次要地位，曾經親手抄錄「性理大全」一書而通宵不眠，遇有心得就記載下來。當時一般人都尊稱他薛夫子。

那時候宦官王振正得皇帝的寵愛而掌握大權，有一天問朝中公卿大臣道：「與我同鄉又在朝爲官的人之中誰可以擔當大任啊？」大家都推舉先生，於是提拔先生擔任大理寺正卿（相當於最高法院院長）。大臣們都叫先生到王振家中去拜謝提拔之恩，先生不肯，並且說道：「我擔任的是國家的公職，是在朝廷上大廷廣衆面前由皇帝親自聘請委任的，現在要敎我到別人家裏向私人謝恩，我實在做不到。」不久，在朝中遇見王振，同在一起的百官，一方面畏懼王振的權勢，一方面又想博得王振的歡心，平常見到王振都要跪拜行禮，這時也都一起跪下拜見，只有先生獨自站着拱手爲禮。王振見了心中非常氣忿，故意買通了小人，設計陷先生入罪，關在獄中，準備處以死刑。先生雖然無辜遭受大難，可是在獄中却照樣讀書，如平常在家一樣。眼看着日子一天天過去，就要到處刑的限期了，這時王振家中有一老僕，也是先生山西同鄉，在家中廚房裏哭泣，王振恰好經過，覺得奇怪，就問他哭什麼？僕人答道：「聽說薛夫子就要死了，所以傷心地在此哭泣。」王振問他：「你怎麼曉得薛瑄這個人的？」老僕同答說：「是同鄉，所以知道。」於是詳細敍述先生一生的品德言行給王振聽。王振聽了之後頓覺茫茫然，心中很不是滋味！想了一想決定不殺先生了！改爲發放到邊疆去充軍。但是後來也沒有放逐先生，不久就將先生放同家去了。

先生居家數年之後，又被朝廷起用，擔任南京大理寺卿，宦官金英到南京出差，同北京時，南京的大小官員都到江邊送行餞別，只有先生沒有去。金英同朝之後對衆人說道：「南京那麼多官員中，只有薛瑄才是不拍馬屁的好官！」

早先明英宗朱祁鎭卽位時，年紀才只有九歲，寵信宦官王振，稱他「王先生」。王振於是漸漸開始擅自作威作福，明朝宦官擾亂朝廷大政自此時開始。這樣過了十多年，此時中國北方有一個瓦剌ㄌㄚ國，國王也先常侵擾中國邊疆，後來自料也不能真正征服中國，於是向明朝政府求婚，想從中得些金珠玉帛的賞賜，當時明朝政府在邊疆的指揮官吳良和翻譯官馬雲、馬青一心只想也先不再來侵擾就好了，於是也不請示朝廷就私下答應了也先求婚的要求，也先却被蒙在鼓裏，並不知情。於是在明英宗正統十四年二月（英宗這時已二十三歲），也先派人送了一批名駒，作爲聘禮，貢品送到北京，明政府聽了使臣的稟報之後，覺得奇怪，派他同瓦剌去告訴也先，中國並未曾答應許婚！也先見到使臣空手而回，心中既是羞愧，更是忿怒，於是於七月間，發兵攻打明政府的山西省大同府，這時在長城塞外的城堡，紛紛不敵瓦剌的攻勢而一一陷落，朝廷派駙馬井源率兵增援，大軍才出發，王振竟然勸英宗御駕親征！本來瓦剌只是一個小國，雖然一時戰勝，對明朝來講，實在構不成大患。王振却知英宗年少氣盛，好大喜功，又貪圖新鮮玩意，於是不顧國家大計，慫ㄙㄨㄥ恿英宗親征，可是御駕親征豈是一樁小事?!並且令下二日就出發了，毫無周密的計劃與準備，簡直視同兒戲，滿朝文武百官見此情形，無不震駭。大軍出發才到中途糧食就接濟不上了，沿路餓死的官兵士卒倒了滿地！八月朱祁鎭到了山西大同府邊關，還想要北上出塞進攻，這時先行出發的駙馬井源戰敗的消息已經傳來，英宗心中一怕，下令班師回朝，退到察哈爾省懷來縣附近的土木堡時，被也先的奇兵追上，四面圍攻，明軍大敗，潰散而逃，英宗竟然被擒，王振也在亂軍中被殺。這時英宗的母親孫太后命郕ㄔㄥ王朱祁鈺總理國政，九月卽帝位，以斷絕也先挾持英宗，勒索中國的企圖。十月也先攻入長城，直逼北京，兵部尙書（國防部長）于謙率領將士奮力死戰，才將敵人擊走。也先退去之後屢戰不勝，看到中國又另立新帝，於是與中國訂立和約，放還英宗。朱祁鈺代理了八年皇帝，有一天生了病，英宗此時買通了朝中一些宦官大臣，發動政變，重登天子大位，貶朱祁鈺仍爲郕王，却將死戰衞國的于謙逮捕下獄，然後處死。

于謙是一個大大的忠臣，擁立新帝是爲了解除也先的威脅，死戰禦敵，更是對國家和百姓有大功的人，此時蒙此寃屈，先生遂上書英宗求他釋放于謙，但力爭不成，于謙將就刑，先生對同事們說：「此事寃屈天下人所共知，各人皆有子孫。」意思是說，將來歷史上總會還一個公道。忠國公石亨與于謙有舊怨，此時說道：「事情已經決定了，不必多言。」最後英宗又召大臣入內商議，先生又極力進言相救，然終不獲准，于謙遂死。先生於是自動辭職，終身不再做官了！

先生生於明太祖洪武二十二年（西元一三八九年），死於明英宗天順八年（西元一四六四年）享年七十六歲，臨終時有詩一首，其中有：「七十六年無一事，此心始覺性天通」兩句話，可以顯示先生心胸光明磊落，德行淳厚。當時有人評論先生：「最初受王振提拔時，如果根本不出來做官，豈不是比後來爲了保持讀書人的尊嚴與節操而違抗王振得禍更好嗎？于謙有大功於國家，蒙寃屈時，先生力爭救助，救不得就自動辭官，尤其令人敬佩，真是光明磊落啊！」所以本書作者黃宗羲也評論先生是：「盡美不能盡善。」

所寫的著作有「讀書錄」。現摘錄如下：

【讀書錄】

1. 人心有一息之怠，便與天地之化不相似。

【譯述】宇宙之間，日月運行，四季變化，終久不息；我們人活着追求生命，也應當終身學習大自然的運行變化，自強不息，只要心中有片刻懈怠的念頭，就是一種墮落。

2. 二十年治一「怒」字，尚未消磨得盡，以是知克己最難。

【譯述】二十年來，都在設法鍛鍊自己的氣度與胸襟，不要隨便生氣發怒，可是却仍然不能完全做到，由此可見，一個人要克服自己內心的情緒真是非常困難！

3. 人心一息之頃，不在天理㈠，便在人欲㈡，未有不在天理人欲而中立者也。

【譯述】人的內心是時時刻刻都在活躍着的，而它思念的不是合於天理的理想性事物，就一定是淪於現實的打算，而不可能既不屬於天理，也不屬於現實，却在那裏中立着，所以我們一定要能在關鍵時刻，做正確的克制或選擇。

4. 凡聖賢之書所載者，皆道理之名也，至於天地萬物所具者，皆道理之實也，書之所謂某道某理，猶人之某名某姓也，有是人之姓名，則必實有是人，有是道理之名，則必有是道理之實，學者當會於言意之表。

【譯述】凡是聖賢們所著作的書籍上所記載着的道理，都只是一種學說罷了，至於天地間萬事萬物中所實際包涵着的，才是那些道理的根本所在，聖人們只是憑了他們的智慧體會出萬事萬物中的道理，將它們用語言文字記載留傳下來，好讓我們後人容易知曉明白。而這些書上記載道理的文字，就好像我們每個人有一個名字一樣，有一個人的姓名，就一定有一個實際的人來與這個名字相對應；同樣的有講一種道理的學說，就一定有表現這種道理的實際事物，我們求學的人，一定要有能力透過這些語言文字的表面，看到它們背後的真實才行。

5. 教人言理太高，使人無可依據。

【譯述】當我們有機會要教導別人的時候，一定要看對方的程度如何？所說的道理比對方已經瞭解的高一到兩個層次，對他最有幫助，如果一下子說的道理層次太高，對方現有的程度，根本無法理解，就好像小孩子還不會走，就要他學跑一樣，將使得對方失去依據，而不知所措了。

6. 方為一事，卽欲人知，淺之尤者。

【譯述】才剛開始籌劃要做一件事，就先嚷嚷得讓每一個人都知道了，這種人是最膚淺不過的。

7. 少言沉默最妙。

【譯述】人活着，追求得愈深刻，愈徹底的時候，將會發現萬事萬物的道理都漸漸具備於自身內心中了，到那時，自我生命的呈現，將都是抉擇與行動，而不再是初學時，喜歡空口說道理的人了。

附　註

㈠ 即天地萬物所以眞實存在的道理，是一切善念善行的根源。

㈡ 即慾望。人類要求滿足自己的自然本能，這是一種私心，所以又說是「私欲」。

諸儒學案

曹端

曹端字正夫，河南澠ㄇㄧㄢ池人，因曾作「月川交映圖」，學者於是都稱他月川先生。五歲時就能用竹籤在地上畫出古代經籍「河圖洛書」上的問題，向父親請教。長大之後，一心追求生命智慧，讀書求學，一定將書上的道理用在自己日常生活中，力求實踐，不僅僅是記得一些言語就算了。

十七歲時已將五經都讀遍了。因爲非常用功，經常坐在書桌前讀書，所以座位下面腳踏的位置有兩塊磚都被磨凹了。此時先生開始跟隨馬子才和彭宗古兩位先生求學；並在自己書房的門上題了一幅對聯自我勉勵：

「勤勤勤勤，不勤難爲人上人；
苦苦苦苦，不苦如何通今古。」

父親見了之後，命他再在門楣ㄇㄟ上製一塊橫匾，題上「勤苦齋」三個字，做爲書房的名字。

先生讀到元朝人謝應芳寫的一本書，書名叫做「辨惑編」，內容大略是破除各種有關神仙迷信的習俗，先生認爲深得我心，從此對於一般世俗流行的輪廻禍福，風水巫術的說法，都能不爲所動。先生的父親曹敬祖本來信奉佛家的學說，先生早晚常加勸解，並摘取儒家聖賢大道中可以經常在日常生活裡面加以實踐的部分，條列成一書，叫做「夜行燭」，比喻凡人處於流俗之中，爲邪說所惑而不見真理，就好比在夜間行走沒有日月的光華導引，不見道路一般，今有此書，則好比夜行而有燭光照耀，從此將得見大道。書寫成之後，進獻給父親觀看，父親深受感動，從此對於儒家學說欣然接受。先生又曾上書地方官吏，請求取締祭祀各種神仙鬼怪的廟宇，以端正風俗。遇上荒年，就勸政府救濟災民，保全許多鄉民的生命。

三十四歲成進士，同時擔任山西霍縣地方中學的校長；同事中有人祀奉梓潼帝君，先生認爲是不務正業，祀奉的人辯道：「梓潼帝君是專門掌管文教的神啊！」先生反駁道：「如果梓潼帝君掌管文教，那麼孔子又代表什麼呢?!」學生中如果有人父母過世了，都命懂得儒家正規禮法的人前去幫忙辦理喪事；有一次一個學生的父親去世了，想要請和尚來做法事，超渡亡魂，先生知道之後對他說道：「佛家的教理，認爲人人都有罪惡，所以在人死後要由子女請出家人來做法事，將亡魂從地獄苦難中拯救出來；可是子女這樣做，不就像說自己的父母不是坦蕩的君子，而是有罪的惡人了嗎?!」這個學生聽了之後說道：「可是現在社會上都流行這種風俗，如果不這樣做，會被人家笑話的。」先生說道：「一般人如果迷信這種流俗，那是因爲他們沒有讀過書的原故；你讀聖賢書，明白儒家的禮法，却不認爲自己違背了正禮是不對的，反而以爲違背了流俗才是錯誤，那不是跟不讀書的人一樣了嘛！」

當地有一位樵夫砍柴的時候撿到一件金飾，馬上送還給失主，失主失而復得又驚又喜，認爲太難得了，樵夫說道：「我這樣做，只是因爲不願意辜負了曹校長平時對我們鄉人的敎導罷了。」

又有學生想去戲班子觀賞雜耍，走在路上，忽然想起老師平時敎自己要用功，不要貪玩怠惰的話，說道：「這樣做給曹先生知道了，該多不好意思啊！」於是中途而回。

先生前後在霍縣敎學一十六年，明宣宗宣德九年（西元一四三四年）去世，享年五十九歲。霍縣當地人在先生去世時，都放下工作不做來祭弔先生，街巷到處都可聽到哭聲，就是孩童也都知道悲傷。因家貧，無力送先生回家鄉河南澠池安葬，就地葬在霍縣。

先生一生求學注重力行實踐，每件事都不隨便，曾經自述求學的關鍵，要「事事都於心上做工夫，才是入孔門的大路」，意思是要人經常從自身內心中反省自己的爲人處事，不要只是空記一些道理，說過就算了。由此也可看出先生的學問是有深厚根基的。

現摘錄先生部份「語錄」於後：

【語錄】

1. 事心之學，須在萌ㄇㄥ上著力。

【譯述】真正追求生命與真理的人，必須每當在心中有念頭剛要起而又尚未起的時候，就下判斷並做選擇，看這念頭是否正當？合於天理的才做，不合於天理的立刻除去，這才是自我鍛鍊的關鍵。

2. 非禮勿視，則心自靜。

【譯述】如果能將容易引誘自己放逸ㄧ的東西都捨去不輕易去看它一眼的話，自然能使自己的心靈清澈澄淨，專心一志的去追求理想了。

3. 天理存亡，只在一息之間。

【譯述】人心中的念頭瞬ㄕㄨㄣ起瞬滅，所作所爲究竟是善是惡，往往決定於剎ㄔㄚ那之間，是善的就合於天理，是惡的就背於天理；天理本身我們平常看不見，可是在人心中念頭初起時，我們却自然能夠感覺到這個念頭究竟是不是合於天理？所以我們鍛鍊自己品德時，最重要的一刻，就是在念頭初起，作決定的時候。

4. 聖人之所以爲聖人，只是這憂勤惕勵的心，須臾毫忽不敢自逸。理無定在，惟勤則常存；心本活物，惟勤則不死。常人不能憂勤惕勵，故人欲肆而天理亡，身雖存而心已死，豈不大可哀哉！

【譯述】聖人受人崇敬，主要是因爲他們的智慧與道德，遠遠超出了一般人；但是他們廣博的智慧和深厚的道德又是怎麼鍛鍊出來的呢？其實主要是因爲他們終身努力又努力，一心追求生命的徹底解決，捨棄了一切現實中的事物，沒有片刻懈怠或貪求輕鬆，才逐漸累積進步來的！要知道天理人人都能自覺到，只是要心中隨時警醒，待人處事時都依循著它，天理才會呈現，否則只是一番空道理；而人心本來也都是警醒活潑的，但是須要隨時反省，養成習慣，才不會怠惰。我們一般人就是因爲沒有像聖人一般終身追求到底，努力得不夠，才會經常與自己的慾望妥協，而喪失了天理；人雖然活著，可是心却早已失去了反省的能力，這豈不是令人非常遺憾嗎?!

5. 無欲便覺自在。

【譯述】 平常我們有許多煩惱，都是由於我們心中有許多慾望，在現實中却得不到、做不成而引起的，如果能夠沒有這些現實的慾求，相信心中一定能大爲自在了。

方孝儒

方孝儒字希直，浙江省寧海縣人。自幼精敏絕倫，雙眼炯炯ㄐㄩㄥ有神；每天讀的書厚度往往超過一寸，可以想見他用功的程度，常爲鄉人友朋所稱讚。

二十歲到南京，跟太史宋濂求學，宋濂門下的知名學者都自嘆不如，跟老師在一起前後一共六年，盡得其眞傳。

先生平日求學不注重辭章文藝，雖然先生的文章在當時望重士林，而總是以倡明王道，使天下太平爲己任。平日家居生活清苦，一天生了病，又沒了糧食，家人前來告訴他，先生笑道：「古人曾經有一個月只有九天有飯吃的事，天下窮人甚多，又豈僅我們一家人而已！」

兩次蒙皇上召見，太祖喜愛他擧止端正，對皇太子說道：「這位先生乃有道之士，應當多接近求教才是。」派至四川推行教育。蜀獻王朱椿聽說先生賢能有德，特聘爲世子的家庭老師。先生的書房本叫做「遜志齋」，現在賜名「正學堂」。太祖駕崩，太子早逝，太孫朱允炆ㄨㄣ即位，是爲建文帝，召命爲翰林院侍講，負責起草詔書、誥文、檄文。建文帝好讀書，每遇有疑問，就召先生講解，君臣之間情同師友。國家大政，也常與先生商議。

起初朱允炆即位，與兵部尚書齊泰，太常寺卿黃子澄及先生，密謀削除諸親王的大權，先貶周王朱橚ㄙㄨˋ爲民，然後依次岷王朱楩ㄆㄧㄢˊ、湘王朱柏、齊王朱榑ㄔㄨㄢˊ、代王朱桂，或死或貶，引起諸王震恐，人人自危。建文元年七月燕王朱棣ㄉㄧˋ在北平起兵稱變，歷史上稱爲「靖難之變」。燕兵攻掠城池，長趨南下，中央政府軍大都不敵。明年六月，燕軍渡長江，圍南京，谷王朱橞ㄏㄨㄟˋ及曹國公李景隆開金川門投降，朱允炆知大勢已去，下令焚燒宮室，然後自己下落不明，不知所終。燕王入京卽帝位，是爲成祖，殺齊泰、黃子澄三族。逮先生下獄。最初成祖發兵北平時，有人對他說道：「將來攻下南京時，依方孝儒的爲人來看，必定不肯投降，希望能放過他不殺，因爲殺了方孝儒，天下讀書種子將從此斷絕了！」這時成祖派人召見先生，先生拒不見面；又派先生門人廖鏞前去勸告，先生說道：「虧你讀書多年，還不能分辨是非！」後來成祖派人將先生抓去，命他投降，並代爲執筆起草告天下百姓書，先生不肯，在大殿上痛哭失聲，成祖特別下階勸道：「先生不要自苦如此了，我只不過想要效法周公輔佐幼年的成王一樣，輔佐幼主罷了！」先生於是反問道：「那今天的成王（指建文帝）在那裡？」成祖回答道：「可惜他自焚宮室之後失蹤了。」先生又問：「那爲什麼不立成王之子（指建文帝之子）？」成祖答道：「國家需要年長的皇帝才能擔當大任。」先生於是再問：「那爲什麼不立成王之弟（指建文之弟）？」成祖這時無話可講了，說道：「這是我們朱家的家務事，你管不著。」吩咐左右送上紙筆，說道：「詔告天下，非你起草不成。」先生擲筆於地，邊哭邊罵道：「大丈夫要殺就殺好了，要利用我欺騙天下決不可以！」成祖大怒，下令亂刀砍死，同時殺滅方家十族親友。死時，先生年僅四十六歲，遭連累而死者共八百四十七人。

先生一生正直，以聖賢自期，一切世俗之事，都不放在心上。朋友有以文辭相問的，必定告之以大道，並且表示文章不足恃。修身進德的方法，以分辨公私義利最重要。每當有念頭興起時，應當靜心細想這個念頭是公呢？還是私？是義呢？還是利？這一點如果做不到，就好比放縱強盜在自己家中爲非做歹一般，其他什麼都不用談了。

先生講到宋代大儒周敦頤的學問主旨在求內心專一時，認爲人活著只要行事合乎仁義中道，則心意自然不會紛亂而能專一了，並不是要人像木頭石頭一般的不動心。又曾經說道：「進德修業的功夫應該從幼年時期就要開始培養，教導百姓，改善風俗要先從自己家中做起。」作「雜誡」以自我警惕。平日持守謹嚴，氣魄遠大，實爲明代一位大家。

現摘錄幾則「雜誡」於後：

1. 治人之身不若治其心，使人畏威不若使人畏義；治身則畏威，治心則畏義。畏義者，於不善不禁而不能爲，畏威者，禁之而不敢爲，不敢與不能，何啻陵谷。

【譯述】 掌國家大政，治理百姓的人，與其控制人民的身體，不如想辦法導引人民內心的善念；因爲使人由於害怕刑罰的威脅而守法，不如使人因明白事理而不做壞事來得徹底。以刑罰使人害怕就是控制人民的身體，導引人民心中的善念就是使他明白事理。明理的人，對於壞事不需要你去禁止他做，他自然因爲知道是壞事而不肯做；害怕刑罰的人，你禁止他做壞事，他就不敢去做。這兩種方式雖然都可以達到教人不做壞事的目的，可是一個是「不肯做」，一個是「不敢做」，其中的差別可就像高山與深谷一般的大了。

2.國不患乎無積而患無政，家不患乎不富而患無禮；政以節民，民和則親上而國用足矣！禮以正倫，倫序得，衆志一，家合爲一而不富者，未之有也。

【譯述】對一個國家來說，不怕它現在貧窮，而只怕沒有一套完善的制度；對一個家庭來說，不怕它現在不富裕，而只怕沒有一套良好的禮法。國家有完善的制度，可以使百姓安居樂業，和睦相處，全國人民都能相親相愛團結一心，國家自然不愁不能富強了！良好的禮法可以使家中長幼有序，父慈子孝，兄友弟恭，一家人自然同心協力，互助互愛，做到這一步而不能發達的家庭，似乎從來沒聽說過。

3.君子有四貴：學貴要，慮貴遠，信貴篤，行貴果。

【譯述】君子有四點要特別注意的事項：求學必需有要領；考慮事情眼光要看得遠；說話要有信用；做事要腳踏實地，實實在在地去做。

4.人或可以不食也，而不可以不學也。不食則死，死則已；不學而生，則入於禽獸而不知也！與其禽獸也！寧死。

【譯述】人活著，必要時可以不吃東西，但是不能不讀書學習做人的道理；不吃東西會餓死，然而又有那個人是不死的呢？但是活著不求學的話，卻往往做錯了事自己都還不曉得，就同禽獸一樣了，與其像禽獸一般活著，還不如死了算了。

5. 愛其子而不教，猶爲不愛也，教而不以善，猶爲不教也，有善言而不能行，雖善無益也，故語人以善者，非難聞善，而不懈者爲難。

【譯述】一個人如果愛他的兒子卻不讓他受教育，那就不是真的愛他；雖然他受教育了，可是教給他的不是正確的道理，那就等於沒有教一樣；教了正確的道理卻不能照著做，那再好的道理對人也沒有什麼用處。所以不是難得聽到正確的道理，而是有恆心肯照著做的人太少了。

6. 古之仕者及物，今之仕者適己，及物而仕樂也，適己而棄民恥也；與其貴而恥，孰若賤而樂，故君子難仕。

【譯述】 從前人讀書做官，就愛護人民，替社會造福；現在的官吏却只知道自己享受。愛民而造福社會的人，心中才會真正感到快樂；只圖自己享受而不顧百姓的人是可恥的。我們與其居高位享受富貴榮華，而被人瞧不起，倒不如雖然生活貧賤却良心平安來得有意義！所以真正君子往往不願做官。

姚江學案

王守仁

前面我們介紹了明學前期的主要人物，現在我們就要進入明學最輝煌的領域了！在這整個時期裏面，幾乎所有學者的眼光都集中在一個人身上，他就是照亮了整個明代，並且與中國歷史上一切因爲歷鍊了艱苦卓絕的過程而獲得大智大慧的聖賢人物，前後互相輝映的王守仁。

王守仁字伯安，學者皆稱爲陽明先生，浙江餘姚人。但是在我們正式介紹王守仁以前，讓我們先從他的父親王華說起，因爲像王守仁先生這樣出類拔萃的人物，他的祖先也有許多不同凡響的事蹟。

王華，字德輝，別號龍山公，自幼機警聰敏，異於一般小孩，這可以從他小時候發生的一件事情上看出來。那時龍山公才只有六歲，有一天與鄰居小孩一同在河邊玩耍，遠遠望見一個喝多了酒的醉漢正在水邊洗脚，等他洗完走開之後，王華走到河邊一看，地上留着一個皮口袋，伸手提了提，居然頗爲沉重，猜想其中必有貴重的事物，而且多半是剛才那個醉漢忘了帶走的，待會兒等他酒醒之後一定會前來尋找，於是決定留下來替他看着。可是又怕別的小朋友過來拿了去，於是將皮袋沉入水中，不知道的人從水面上就看不出來了。等了一會兒，其他小孩都要走了，其中有幾個看見龍山公好像把什麼東西丟入水中的小孩特別跑過來，問他丟的是什麼東西？龍山公假裝說道：「不過是幾塊石頭罷了！」並且乘機又假裝肚子痛走不動，要休息一下，叫他們都先回去，不必等他了。小朋友們走開之後不久，前面那個醉漢果然急急忙忙地來了，龍山公站起身來問道：「你是在找一個皮口袋嗎？」那人聽了，臉上露出欣喜的神色回答道：「是啊！是啊！小兄弟，你看到了嗎？」龍山公告訴他：「我怕有人取去，特地把它藏在水中，你自己拿起來吧！」那人下水將皮袋撈起，打開一看，只見裏面好多塊金子，原封不動地一點都沒有遺失，心中非常高興，說道：「曾經聽說古人有拾金不昧的故事，沒想到今天一個小孩童也能做到，真是太難得了！」於是就取了一塊小小的金子要送給龍山公，並且說道：「這是給你買糖菓吃的！」龍山公聽了也不伸手接過，只是笑了笑說道：「我家難道還少了糖菓吃而需要你的金子嗎？」掉轉頭去，飛快地跑開了，回到家中也不向大人提起，就像沒事一般！

過了年，七歲了，母親岑ㄘㄣ夫人開始教他認字讀書，這時正好遇到村子裏舉行迎春花會，鄰里中的小孩都歡呼着跑到街上觀看遊行雜要的隊伍，只有龍山公端坐在書桌前繼續讀書，岑夫人心疼他，說道：「先去看看再回來讀罷，不要緊的！」那知龍山公回答道：「觀春不如觀書呢！」

又有一次，這時龍山公已經正式進私塾跟隨老師上學了，有一天正在上課，新上任的縣官出外辦事，從私塾門前經過，跟隨的僕從人數很多，一路大聲吆喝開道，同學們都擠到窗口或門前觀看，只有龍山公仍然坐着朗誦，聲音直傳戶外，老師在一旁說道：「你這麼大聲難道不怕縣太爺嗎？」龍山公說道：「縣太爺也只不過是個人罷了！有什麼好怕呢？而且我讀書又不犯法，更加不用怕他了！」老師隔天遇到他的父親便說道：「貴子弟將來長大一定不是普通人！」

十四歲那年，爲了要準備考試，在當地一間叫做「龍泉寺」的廟中借住，利用那裡清靜的環境好讀書。這間寺廟相傳有妖怪作祟，每天晚上都會出來拋磚丟瓦的，以往在這裏借住的書生，都曾經受到驚嚇，甚至有些比較膽小的還因此而生了病。這回龍山公與一個老家人一同來了之後，居然就不再鬧鬼了，每夜都安安穩穩的沒有什麼動靜。寺中的和尚都覺得奇怪，倒要試他一下。有一天晚上乘龍山公一個人秉ㄅㄧㄥ燭夜讀的時候，用一個猪尿泡，在上面塗了灰粉，再畫上眉毛和眼睛，插上一支蘆管，從窗戶的縫隙中穿進屋內，然後從窗外透過蘆管吹氣，使猪尿泡膨脹起來，就像一個鬼頭，並且口中作出一些怪聲，像是鬼叫，以爲這下子可把這少年書生給嚇着了！那知道龍山公見了，一點也不動聲色，只是從牀頭取出一把小刀，走到窗邊一刺，就把泡給刺破了，這一來，氣也漏光了，和尚們只好拉了出去就跑開躲了起來，龍山公也不生氣，把刀放好，照樣讀書，並不以爲意。

成化七年與鄭夫人結婚，不久鄭夫人就懷了身孕，可是經過十四個月還沒有生產，而通常一般婦女懷孕十月就會生產了，所以家人都覺得怪異。一天龍山公的母親岑夫人睡覺時作夢，夢到一位身穿紅衣服的神仙從雲中伴隨着音樂聲，送來了一個小孩，隨即驚醒，恰好這時家中女僕來報告媳婦生了孫子了，而這個孫子就是我們所要介紹的陽明先生王守仁了！

起初祖父爲他取了一個單名叫做雲，鄰居也都稱他在那裏出生的閣樓叫「瑞雲樓」，這都是因爲先生出生時祖母夢見雲中降兒的原故。但是先生到了五歲時却還不會說話，有一天奶媽抱着他在門口散步，這時有一位出家雲遊的和尚正好打從門前經過，聽見奶媽呼叫小孩的名字，就過來用手撫在先生的頭頂上，說道：「好個小兒，可惜道破了！」祖父聽奶媽說起這件事之後，以爲王雲這個名字洩露了天機，所以小孩才五歲都不會講話，於是改名爲守仁，而就在這一天，五年來都未曾開過口的王雲，居然能夠說話了！祖父平時讀過的書，現在竟然大都能背誦出來，大人們都非常訝異，問他怎麼會的，先生回答道：「過去雖然不會說話，可是當祖父讀書的時候，我在一旁聽着，就都暗中記住了！」

當時有一個大戶人家的員外，聽說龍山公學問不錯，於是聘請他到家中當家庭老師，教附近的子弟們讀書。一天夜晚，龍山公正在自已房中休息，忽然有一位美女敲門來訪，龍山公吃了一驚，正要走避，美女開口說道：「先生請不要驚訝，小女子乃是此地主人的小妾，因爲主人年紀漸漸大了，却一直沒有一個兒子，特地前來借種於先生的！」龍山公聽了之後說道：「我承蒙主人的厚愛留在此處當老師，怎麼可以做這對不起他的事呢?!」美女這時就從衣袖中取出一把折扇交給龍山公，並說道：「我此次前來是奉了主人之命，先生不妨看看扇面上題的字就知道了！」龍山公打開折扇一看，果然上面題得有字，還是主人的親筆，寫了五個字——「欲借人間種」，龍山公於是也不答話，從桌上提起筆來，在後面又添了五個字——「恐驚天上神」，然後將折扇塞給美女，並堅決請她回去，不要再來打擾了！

這件事過去不久，龍山公就上京參加會考。而前面這位大戶人家的主人却請了一位法師到家裏來設壇作法，祈求子嗣。法師伏在壇上不久就睡着了，過了很久，等到天都要黑了才甦醒過來，主人連忙上前問他原因，怎麼一去這麼久才同來？法師說道：「剛才我睡着了之後，靈魂捧着您向上天求子嗣的奏章直上南天門，正好這時遇到天上迎狀元榜，等了很久才將奏章送進去，所以遲了。」主人問道：「那麼今年的狀元是誰呢？」法師同答：「不知道姓名，但是在迎狀元榜的隊伍前有兩面大旗，旗子上寫了一幅對聯，上聯是『欲借人間種』，下聯是『恐驚天上神』。」主人聽了大為驚駭！一句話也說不出來了！過不久，會考結果龍山公果然中了狀元，而此時先生也已經十歲了。

第二年龍山公在京中做了官，派人到家鄉迎接父親竹軒翁到京中同住，竹軒翁就帶着先生祖孫二人一同前往。途中在金山寺借住，竹軒翁與一些同行的朋友飲酒作詩，吟了許久却想不出好的詩句，這時先生在一旁對祖父表示他會作，祖父笑着說道：「小孩子也會作詩嗎？」同時遞了一支筆給他，先生接過來，隨即寫出一首詩，內容是：

「金山一點大如拳，打破維揚水底天。

醉倚妙高樓上月，玉簫吹徹洞龍眠。」

在座的客人一見之下大感訝異，都肅然起敬，想不到小小十歲孩童，竟然出口成章。過了一會大夥往「蔽月山房」遊玩，祖父問道：「還能再作一首嗎？」先生隨口唸道：

「山近月遠覺月小，便道此山大於月。
若人有眼大如天，還見山小月更濶。」

同遊諸人都對竹軒翁說道：「令孫年紀雖小，但是詩文中的意境不落俗套，想將來一定以文章揚名天下。」先生聽了說道：「文章作得好只不過有點靈感與才華罷了！這算不了什麼，那裏談得上揚名天下呢！」大家聽了更加不敢輕忽這個小孩了。

十二歲在京城中入私塾讀書，可是不肯專心用功，常常偷跑出來與小朋友們遊戲，製作了不少大大小小的旗幟，交給其他小朋友拿了，分四方站好，自己當大將軍站在中間，呼喚調度，左旋右轉的，隱隱然有些作戰佈陣的聲勢。父親龍山公出門來在一旁瞧見了，非常生氣，把他叫過來訓道：「我們王家，世代都是讀書人，你現在不好好讀書，偷跑出來玩這些行軍打仗的做什麼?!」先生聽了就問父親：「讀書有什麼用呢？」龍山公告訴他：「好好讀書就有機會做大官，像我能中狀元，都是從前勤奮讀書的原故！」先生又問：「父親中了狀元，後代子子孫孫是否還是狀元？」龍山公說道：「只有我自己一生是狀元，後代子孫不能夠繼承，所以你如果也想要當狀元，最好趕快去用功讀書吧！」先生聽了笑着說道：「只能夠一代，那麼雖然是狀元也沒什麼希罕！」龍山公聽了大怒，就捉住先生，好好責打教訓了一頓。先生曾經問老師：「在世界上，要怎麼樣才算得上是第一等人啊?!」老師告訴他：「像你父親那樣，考試中狀元，顯親揚名，就是第一等人了！」先生吟道：「嵬ㄨㄟ科高第時時有，豈是人間第一流。」意思是說考試中狀元雖然不容易，但是既然年年有考試，那就年年都會產生第一名的狀元公，這樣說來，天下狀元公也有不少，那就不希奇了。老師聽他這麼說道，不禁好奇心起，倒要看看他的志向是什麼，於是問他：「那麼據你的看法，要做那種事才算得上第一流呢？」先生回答道：「唯有聖賢人物才是第一！」父親龍山公在一旁聽了笑着說道：「好小子，志向未免太誇大了吧！」

一天先生走在街上，看見有人在賣鳥，先生問他要，賣鳥的不肯，兩人起了爭執，這時正好有一位相士經過，一見先生的容貌，大驚道：「此人將來必定大大地出人頭地，建立非常的功名！」於是自己出錢買鳥送給先生，並且殷勤囑咐道：「孩子應當勤奮讀書，自愛自重，我的話將來必定會應驗的！」說完一轉眼就不知走去那裏了。先生感念他的話，心中頓有所悟，從此收歛起外向的性情，專心求學，學問開始一天比一天有了進步。

十三歲，先生的母親鄭夫人去世了，居喪期間，先生哭泣甚哀。父親有一位寵愛的小夫人，待先生不好，常有無禮的舉動。一天先生在街上看見有人用繩子繫住一隻梟ㄒㄧㄠ（不祥之鳥）在賣，就出錢買了；然後又找到當地一名專門爲人算命解夢的女巫，給了她一些錢，並且告訴她一番話，叫她待會王公館中的小夫人派人來請時，見面就如此這般的說一遍，一切安排好了之後，先生就帶着梟偷偷從後門回到家中，然後乘人不注意的時候，潛入庶母的房中，將梟藏在棉被裏面。過了一會庶母回房休息，揭開被子，梟沖天而起，繞屋而飛，口中並發出怪聲，小夫人大驚失色，打開窗子趕這隻鳥出去，等了好久才飛走，一般人家傳說野鳥飛入室內是不吉祥的徵兆，更何況是梟這種最令人忌諱的不祥之鳥！而且又藏在被中，婦人家的臥室都在內院深閨中，又是怎麼飛進去的呢？豈不是大怪極異的事嗎?!先生等在屋外，聽到房中驚叫之聲，假裝不知道發生了什麼事情，跑進來問到底怎麼回事？小夫人將事情經過說了一遍，先生就說：「那何不找巫者來問問，看是什麼徵兆，不好嗎？」小夫人當下就派人請了前面那名女巫師來，巫師一進門就先說家中有怪氣，等見了小夫人又說夫人的氣色不佳，當有大災害臨頭。小夫人告訴她剛才揭被見到梟鳥的事之後，女巫說道：「老婦人要問問家神。」於是點起香燭，命小夫人跪下拜禱，又焚燒紙錢，稍後，女巫就假裝被先生的親生母親鄭夫人附了身，說道：「你對我兒無禮，現在我告到天府，就要取你的性命來了！剛才的怪鳥就是我的化身。」小夫人信以爲真，跪着頻頻磕頭，認罪悔過，以後再也不敢了，只求這次饒了性命。過了好一會，女巫才醒過來，說道：「剛才見到去世了的大夫人，看她意思非常生氣，要化做怪鳥來啄你的魂魄，幸好你答應改過，才升空飛走了。」小夫人從此對待先生特別有禮，再也不敢欺他是沒娘的孩子了。先生當時尚在童年階段，而權謀就已達到如此令人難測的地步了。

十四歲，先生開始學習騎馬和射箭，同時又研究兵法，他曾經說道：「一般讀書人有一個缺點，就是只能文而不能武，孔子當年推行國政的時候，一定是有文事必有武備！而現在普通讀書人大都心態狹小，理想不高，只能在現實中追求功名，安享富貴，一旦發生重大事故，往往臨變束手無策，這是通達事理的大儒所不恥的！」

十五歲，跟一些長輩到北方遊歷，到過萬里長城上重要的關口——居庸關，見到了壯麗的大漠風光，心中豪氣頓生，慨然而生經略四方的志向！一晚夢見身在漢朝伏波將軍馬援的廟中，於是作詩一首：

「卷甲歸來馬伏波，早年兵法鬢毛皤。
雲埋銅柱雷轟折，六字題文尚不磨。」

十七歲回到家鄉，不久就奉父命前往江西迎娶江西布政司參議諸養和先生的女兒為妻。結婚那天一大早，先生出門散步，走着走着到了一所叫做鐵柱宮的道觀，在側殿中見到一位道人，眉毛深長，滿頭白髮，正在盤膝靜坐。先生上前作禮，並問道：「求道者是那裏人？」道人應道：「四川人，因訪友而到此。」先生又問他多少歲了？答道：「已九十六歲。」再問姓名，則回答的是：「自小出外雲遊學道，不知自已姓名，平時大家見我經常在靜坐，就叫我『無為道者』。」先生見他精神健旺，聲如洪鐘，猜想是一位得道的長者，於是向他請教養生之道，道人告訴他：「養生的要訣，最重要的就是一個『靜』字！」先生若有所悟，於是留下來與道人閉目對坐，一動也不動，就像兩根枯木，也不知時間漸漸過去，將要黃昏了。而這時家中正準備結婚大典，却不見了新郎倌，大家都非常着急，先生的岳父布政司參議諸養和公派了許多官署中的衙役到處去尋找，仍然找不到，一直到第二天清晨才在鐵柱宮中遇着，而兩人的姿勢位置却絲毫未變，真是廢寢忘食了。

先生回來完婚之後，就暫時住在岳父家中，此處紙張非常豐富，先生每天就取來練習書法，由於天天勤練，紙都要被寫光了，於是先生書法大有進展。先生曾經說道：「最初我練字，都臨摹古人的碑帖，但如此只能學到古人的字形，却沒有自已的情感在裏面。後來就不輕易落筆了，先在心中仔細思索，整個字有把握一氣呵成之後才下筆，漸漸地才懂得了書法的重點。前代大儒程明道先生說過：『我寫字的時候非常專一，並不是要字好，只是學道之人藉此鍛鍊自己的專一罷了！』然而既不要字好，那學的又是什麼呢？單是『不要字好』這一個念頭留在心中，就已經是不專一了！」先生此時才十七歲，然能有此見地，可以說明先生的確識見超越常人。

十八歲那年冬天與諸夫人同回餘姚，經過江西上饒，拜訪我們前面介紹過的婁諒，婁諒告訴先生宋朝儒者們進德修業的方法，並且說明必定可以經由勤奮的學習而人人都達到聖賢的境地。先生深以爲然，從此立志求爲聖賢，平常詼諧豪放的行爲，現在都收斂起來，經常端坐着自我反省，說道：「啊！我今天某件事又錯了！」

二十一歲，先生參加鄉試，夜半監考官忽然見到空中出現兩個巨人，一穿紅衣，一穿綠衣，相向對立着大聲說道：「三人好做事！」一說完就不見了。等到放榜，先生與孫燧及胡世寧三人同時錄取。後來寧王朱宸ㄔㄣ濠叛變，胡世寧最先揭發他的陰謀，孫燧因不肯投降而遇難，最後亂事由先生所平定，人們都以爲是「三人好做事」這句話應驗了。

二十二歲，參加京中的會考落榜，同考的一位朋友也沒能錄取，自覺羞恥，先生知道了就對他說：「一般人都以考不取沒面子，感到羞恥，而我却認爲因考不取而動搖心志，患得患失，才是可恥！」友人聽了這番話之後非常感動，佩服先生的涵養。

二十六歲，先生因父親在朝爲官也同住京中，當時邊疆有外患侵擾，告急求救的訊息傳抵京城，舉朝倉皇失措，推選增援的大將，沒有一個人才可以派遣的。先生見了感嘆道：「國家雖然設了軍事考試制度，但是選拔出來的都是些武夫，只會騎馬射箭罷了！卻無法求得能運籌幃ㄨㄟˊ幄ㄨㄛˋ，統馭大軍的將才，太平的時候不研究戰略，多培養通才，一旦有急事要用人的時候，要到那裏去找呢？」於是開始注意研究兵法韜ㄊㄠ略。每遇有宴會的時候，桌上有許多客人吃剩下的果核，就拿來在桌上排起陣圖，指點開闔進退，佈陣作戰的方法。

二十八歲，再參加會考，得了第二名。第二年被任命當刑部主事（檢察官），又明年出巡視察江北一帶地區，居民有冤屈的多給予平反，深得百姓的愛戴。公事完畢之後，順路遊歷九華山，經過無相寺等廟宇，留宿廟中，見一名修行者，蓬頭垢面，坐在堂中，衣服蔽陋，似顛若狂，先生心中知道是一位異人；以客禮致敬，並請問凡人可不可以經學習而變做神仙？行者搖頭說道：「尚未！尚未！」過了一會，先生特別將旁人都遣了開去，將這位異人請到後堂正廳中坐了，再度拜問，這行者又搖頭說到：「尚未！尚未！」先生並不氣餒，仍然懇求不已，行者於是說道：「你自以為對我躬敬禮拜，甚是有禮，我就會告訴你什麼了！我看你全身一團官相，還想談什麼神仙?!」先生聽了哈哈大笑，作別而去。至地藏洞，聽說山巖之巔有一老道，不知姓名，坐臥都在松葉上，不食人間烟火，先生於是盤旋而上，直至山頂，見老道踡足熟睡，於是在一旁等候，良久老道睡醒，見先生，大吃一驚，問道：「如此危險的山路，你是怎麼來的？」先生說道：「想和長輩論道，不敢怕辛苦。」於是兩人大談儒、道、佛三家的學問宗旨，盡興而歸。第二天再去拜訪，老道已經遷居他處，不知所終了。

三十歲，先生回到京中復命。此時京中名士們流行古文，彼此結爲詩社，都來約先生加入。先生感嘆道：「我豈能將有限的精神耗費在這些無益於解決生命痛苦的事情上？」於是假托生病，辭官回家鄉去了。從此在家鄉附近四明山上的陽明洞中築室隱居，因爲這個山洞在四明山之陽（陽指南方，陰指北方），所以稱作「陽明」，而自號「陽明」。行神仙導引之術，不久能未卜先知，名聲漸漸傳出，不時有人前來請敎吉凶禍福，先生言多必中。一天，忽然醒悟到這些都只是歁弄精神的玩意，不是正道，從此絕口不談此類事情了。

又過了一段日子之後，很想脫離塵俗的牽擾，準備出家隱居，不問世事了，可是心中對於祖母及父親總是掛念著，放不下心來。躊ㄔㄡˊ躇ㄔㄨˊ徬徨不能決定，忽然又覺悟到這種孝悌親情，從小就種在心中了，這個思親的念頭如果都能捨棄的話，那簡直就失去人之所以爲人的天性了！於是不再有遁世隱居的念頭了，遷居到西湖邊上。

一日聽說附近有一位和尚，閉關修禪，終日閉目靜坐，已經三年沒有開口說話，三年沒有睜眼看物了。於是先生前去拜訪，見了面以禪機大喝一聲說道：「你這個和尚，整天張著嘴在說些什麼？又整天睜著眼在看些什麼？」和尚驚起，見了先生作禮問道：「小僧在此不說不看已三年了，先生卻說張口說什麼？睜眼看什麼？這真是從何說起啊？」先生於是問他道：「你的家鄉在那裏？離家幾年了？」和尚回答道：「我乃河南人，離家已經十多年了。」先生又問：「你家中還有什麼親人沒有？」和尚答道：「只有一位老母，但因離家已久，不知是否還活著。」先生說道：「那你心中還會起念想到她嗎？」和尚答道：「說實在的，不能不思念。」先生於是說道：「你既然心中不能不起思念，那麼雖然整天不開口，心中已經在說著了；整天眼睛閉著不看，心中已經在看著了！」和尚經此當頭棒喝，猛然醒悟過來，合掌向先生敬禮，並且說道：「施主真是妙論，還請再更加指點一番！」先生說道：「父母親情，本於天性，豈能夠將它斷滅呢？你不能夠不起念，其實不是壞事，正表示你的真性真情，要知道你雖然整天呆坐著，不但於身心無益，反而搞亂了天生的本性，俗話說得好『爹娘便是靈山佛，不敬爹娘敬何人？』」話才說完，和尚不由得放聲大哭起來，跟著說道：「施主說得極是有理，明天一早小僧就要回家去探視老母了！」第二天先生再去拜訪，廟裏其他和尚說道：「天還沒亮就背著行李回家鄉去了。」先生聽了之後說道：「人性本善，可以由這個和尚身上得到驗證了。」於是從此更潛心追求聖賢的學問。

三十三歲，先生改任兵部主事，往京師上任。有鑑於當時學者風氣，流於文章詩詞記誦小技，而不知什麼才是真正有益於身心的學問，於是首先提倡講學，凡是來聽講的人無不興起奮發向上的決心，來學者日漸增多起來，先生儼然以師道自任，同輩的朋友或同事中有人譏笑先生好名，只有翰林院學士湛ㄓㄢ甘泉懂得先生的苦心，與先生一見如故，結爲莫逆之交。

明年，孝宗皇帝駕崩，武宗即位，寵信宦官劉瑾等八人，號稱八黨。劉瑾尤其得寵，擅權干政，假傳聖旨，迫害忠良。因南京科道官（專門向皇帝建言）戴銑ㄒㄧㄢ等人上疏言道：「皇上剛卽位，應該親近君子遠離小人，不應該排斥大臣，任用宦官。」而觸怒了劉瑾，下令將戴銑等人都緝捕下獄，遞來北京審問。先生目睹時政敗壞，滿懷忠憤，於是上疏相救戴銑等人，結果也得罪了劉瑾，將先生逮捕之後，廷杖四十下，然後貶爲貴州龍場驛丞（相當於今之郵政局長）。先生之父此時亦在京爲官，聽到消息之後，高興的說道：「我兒子這一來得爲忠臣，留名青史，我這輩子心願已了，再沒有遺憾了。」

第二年，先生三十五歲，離京前赴龍場就任，但劉瑾心中的氣却還沒有消，暗中派人在後面跟隨著，要找機會害死先生。天幸先生機警，半途中又得義士相助，假裝投水自盡，騙過劉瑾派來的官差，隻身逃得性命，來到了龍場。

龍場位於貴州西北部，萬山叢林中，蛇蟲出沒無數，瘴癘蠱毒，苦不堪言，而當地土人語言又與中土不同，住的地方都是用土堆起來，再挖個窟洞，然後就在其中睡覺休息。先生於是敎導他們伐木築屋，建立種種規模，並且種花植樹，美化環境。久了以後語言彼此通曉，先生又敎導他們禮義孝悌，待人接物的道理，與土人相處和睦，親愛如家人，不久接到家信，獲悉劉瑾得知自己沒被害死，非常生氣，遷怒自己之父龍山公，解了他的官職，趕回家鄉了。先生閱畢來信之後，心想：「我現在對一切得失榮辱都能看破了，只有生死這一念，還不能超脫。」於是在後院中用石頭鑿了一個石棺，經常晝夜都端坐在其中，胸中不帶一絲雜念，就像要臨終了一般，藉此來鍛鍊自己。僕人在此蠻荒之地，往往不堪勞苦憂患，常有人生病的，先生就親自照料他們，又自己做歌做詞，唱給他們聽，並且說些有趣的事，讓他們高興。於是設想：「如果換了古往聖賢處此境地，不知是否還能做得更好?!」一晚靜坐，忽然大悟，人人心中有一個良知。只要一切行事作為不離良知，就是聖賢的大道了，暗中默記五經上的話與自己的體悟互相印證，無不吻合，從此做去，再無怠惰，於是寫了一本叫做「五經臆說」的書。此時先生三十七歲了。

明年，貴州督學席書，一向敬重先生，特聘請先生主講貴陽書院，叩問先生：「致知與力行，是一層工夫，還是兩層工夫?」先生說道：「求知與力行本自合一，不可分為兩件事，就好比我們說某人知孝悌，必定是他已經行過孝悌的事，平時在家孝順父母，敬愛兄弟，好的行為傳了出來，我們才會稱他知孝悌。又如知痛，必然已經先有過痛的經驗；知寒，必定已經先有了寒的感覺。『知』其實就是我們人去『行』的動機，『行』就是『知』的落實工夫，古人只因為世上有些人，往往冒冒失失地胡亂行去，所以先說一個『知』，原是為了補偏救弊，並不是硬要分『知』『行』為二。若是不能『行』，終就是不『知』!」席書大服，乃率貴州全省師生來拜先生為師。

三十九歲，劉瑾在作惡多端之後被殺，先生得以平反寃屈，升任廬陵縣知縣，即到任，治理政務，不主張用刑罰威逼百姓，而以開導百姓心中人人本有的善念爲根本。又選出三位鄉里中德高望重的老人家，凡有人來告狀打官司的，先叫他們去見這三位老人家，好言相勸，分析事理，而不直接用刑罰來審問，經常有百姓盛氣凌人而來，在聽了老人家勸解之後，感動哭泣而回的。

先生在任期間治績良好，百姓稱頌。平時聚衆講學，指點進德修業的門徑，聲名漸漸傳於各地。朝廷也開始重用先生之長才，不斷提拔調任，四十一歲陞ㄕㄙ任南京太僕寺少卿；後年陞任南京鴻臚寺卿；四十五歲陞都察院左僉都御史，巡撫江西南部各地，此時當地各郡縣皆有巨寇擾亂鄉民，兵部尚書王瓊特別推擧先生擔任剿匪的工作；先生雖爲一介書生，然而少年時精研兵法，留心武事，到此時正好發揮作用，再加上悟道以來，於世間種種事理皆通達無礙，處理行軍打仗的事亦如平時居家應對一般，有其定理可循，因此屢建功勳，不多久即將爲患多年的地方大患給一一剿平。然而先生一本仁愛的心懷，處處留有餘地，並不趕盡殺絕，縱然是匪徒惡人，只要願意歸順改過的，都給予自新的機會，並且每平定一處地方，就視當地所需，或設郡縣，或興學堂，種種地方建設配合軍事行動推行，總要根絕後患，解除盜匪之所以成爲盜匪的原因。

四十八歲，先生在福建。此時發生了明朝中期一件大的亂事，那就是寧王朱宸濠於江西南昌起兵造反，先生奉命發兵擊之。亂事起於六月，初起時，寧王聲勢浩大，舉國震動，叛軍沿江而下，直指南京，先生乘叛軍圍攻安慶不下，後方根據地南昌守備空虛，先一舉攻下南昌，使叛軍前後受敵，然後分派任務，指揮若定，各個擊破，七月下旬即在最後一場大會戰中擒獲了造反的寧王朱宸濠，自亂起至亂平僅四十二天，自古以來，戡定禍亂，從沒有如此迅速的，真可稱得上是用兵如神了。門人鄒守益前來道賀，說道：「老師成就百世功名，揚名青史，我們都非常高興。」先生說道：「談到功勞那是將士用命，大家努力得來的。真正高興的是昨晚我睡得很熟，一夜到天亮都沒有醒來過。」

在這場大亂事平定之後還有一段插曲，值得一提。那就是先生雖然已經擒住朱宸濠平定了亂事，但是此時的皇帝明武宗却一方面突發奇想，一方面又受了宦官張忠，奸臣江彬、許泰等人的慫恿，想乘機遊歷江南，於是宣佈御駕親征。八月自稱「奉天征討威武大將軍鎭國公朱壽」，從北京出發，九月到了南京，江彬等人恨先生已平亂事，不但使自己沒有功勞可立，同時皇帝親征却無賊可擒，將令天下人笑話，於是竟然下令先生將朱宸濠帶到鄱陽湖放了，好讓武宗皇帝親自打一場，先生聽了這種荒唐的事情之後，連夜派人將朱宸濠快馬加鞭的送到浙江杭州，交給宦官張永，轉送南京，一方面又上疏乞求退休養老，並將功勞都說成是江彬、張忠、許泰等人的，以避禍害。此時先生已四十九歲了，途中經過九華山，重遊化城寺，又至地藏洞，思念二十幾歲時於此見老道，共談三教的道理，今天年紀將近五十，一晃二十多年就過去了，受功名羈絆，不得自由，進不得面見聖上，掃除奸臣；退不得歸臥林泉，專心講學，不覺悽然長嘆，心生退隱之念。然而多次上書請求退休，都不獲允准。

又過了幾年，先生已五十五歲，此時廣西思恩、田州一帶又有亂事，朝廷復派先生平亂，先生力辭不得，於是在秋天起兵，十一月到了當地，先生不用武力，先命人招降賊首，曉以大義，賊人皆有感於先生恩德，自縛謝罪，先生僅杖責之後就釋放歸家，不動聲色之間就平定亂民七萬多人。於是班師回朝，一路上講學不止，經伏波將軍廟，見廟中馬援像，回憶昔時夢見伏波將軍的情景，如在夢中。

此時先生年事已高，又半生忙碌，積勞成疾，行至南安府，門人周積前來相見。先生還勉強起身接見，雖咳嗽不停，但還是頻頻以努力進學相勉勵。然後改搭江船由周積一路護送。嘉靖七年，十一月二十八日晚，船泊江岸，先生問是何地？

侍者回答道：「是青龍舖。」第二天，召周積到船中，先生睜開眼睛注視良久，然後說道：「我要去了！」問有何遺言？先生笑道：「此心光明，亦復何言！」再等一會兒，瞑目而逝。此時先生五十七歲。

先生一生事蹟多采多姿，學說著作也多，尤其對儒家學理有深刻的發明，雖然先生本身聰明絕頂，然而這都是先生一生努力追求才達成的。中國歷代聖賢人物，到先生爲止，先生以後直到今天，能達到這種程度的，尚不多見。

現將先生著作摘要選錄於後：

【語錄】

1. 志道懇切，固是誠意，然急迫求之，則反爲私己，不可不察也。日用間何莫非天理流行，但此心常存而不放，則義理自熟，孟子所謂「勿忘勿助」，深造自得者矣。

【譯述】 一個人懇切地追求生命的智慧，自然是表現一種對智慧的熱愛；但是如果追求得太急切了，反倒變成一種要求速成的私心了，這一點要有能力分辨才好。其實平常生活中，一言一行又何嘗不是蘊涵著天理呢？只要我們心中能夠隨時警醒自己，凡事依著良知去做，久了以後，自然能夠對於各種道理視爲當然。孟子教人自我鍛鍊的時候，要像農夫種稻一樣，不要忘了去澆水鋤草，可是也不要嫌秧苗長得太慢，而將秧苗拔高一點，助它生長，因爲只要拔高一點，秧苗就會枯死的，一定要循序漸進，工夫下得深了，自然會有屬於自己的心得。

2. 變化氣質，居常無所見，惟當利害，經變故，遭屈辱，平時憤怒者，到此能不憤怒；憂惶失措者，到此能不憂惶失措，始是得力處，亦便是用力處。天下事雖萬變，吾所以應之不出乎喜怒哀樂四者，此爲學之要，而爲政亦在其中矣。

【譯述】一個人的修養器度如何，平常在小事情上看不出來，一定要遇到重大的利害關頭，經歷變亂，遭逢屈辱挫折的時候，才看得出來。往常令自己容易生氣發怒的事，現在能忍耐得下，平常令自己驚慌煩惱的事，現在也能鎮定不亂，這才是修養的工夫見了功效，並且正是自我鍛鍊的好機會。要知道天下的事物雖然變化萬千，但我們面臨這些事物時，情感的反應卻只有喜、怒、哀、樂這幾種，只要能控制自己這幾種情緒，求學也好，服務社會也好，一定能夠事半功倍。

3.必欲此心純乎天理，而無一毫人欲之私，此作聖之功也，然欲爲此者，非防於未萌之先，而克於方萌之際，不能也。

【譯述】學者求爲聖賢，必需心中沒有一點自私的慾望，而充滿了純粹的天理；但是要做到這種程度，必須時刻警醒，在心中私念還沒有起來的時候，多多培養公正的心懷，一旦有私念時，在它剛萌發的時候就竭力克制，千萬不要讓私念繼續發展，做出行爲來，除此之外，再也沒有其他好辦法了。

4.天下古今之人，其情一而已矣，先王制禮，皆因人情而爲之節文。其或反之吾心而有所未安者，非其傳記之訛缺，則必古今風氣習俗之異宜者矣。若徒拘泥於古，不得於心而冥行焉，是乃非禮之禮。

【譯述】世人古往今來，心中的感情本質上都是一樣的，古代帝王制作各種禮儀規範讓人遵循，都是觀察人的基本情感，然後立下規範，使他的情感一方面能夠得到排遣，但一方面又不致於太放縱而漫無節制。到了後代，在我們心目中也許覺得有許多不恰當的地方，這要不是古人記錄留傳的時候有了脫漏或錯誤的地方，就是古代和現代的風俗習慣不一樣，所以我們才感到格格不入。所以遵守禮儀規範，如果只是死守著古代典籍上的教訓，儘管心中覺得不對勁，仍然盲目地照著去做，那反而是不合禮的了。

【傳習錄】

1. 愛問：「至善只求諸心，恐於天下事理有不能盡。」曰：「心即理也，此心無私欲之蔽，即是天理，不須外面添一分，以此純乎天理之心，發之事父便是孝，發之事君便是忠，發之交友治民，便是信與仁，只在此心去人欲存天理上用功便是。」愛曰：「如事父一事，其間溫清定省之類，有許多節目，亦須講求否？」曰：「如何不講求，只是有個頭腦，只就此心去人欲存天理上講求，如講求冬溫，也只是要盡此心之孝，恐怕有一毫人欲間雜；講求夏清，也只是要盡此心之孝，恐怕有一毫人欲間雜，此心若無人欲，純是天理，是個誠於孝親之心，冬時自然思量父母寒，自去求溫的道理；夏時自然思量父母熱，自去求清的道理。譬之樹木，這誠孝的心便是根，許多條件，便是枝葉，須先有根，然後有枝葉，不是先尋了枝葉，然後去種根。禮記：『孝子之有深愛者，必有和氣，有和氣者，必有愉色，有愉色者，必有婉容。』便是如此。」

【譯述】 徐愛問道：「先生敎我們鍛鍊自我人格，要達到徹底完美的程度，只需自身內心中經常反省。可是這樣一來，恐怕對於天下萬事萬物的道理就忽略了。」先生答道：「內心的良知與外在事物的道理，不應該把它們截然分開了來看。只要我們內心的良知能夠不被自身的私慾給蒙蔽了，那麼所作所爲自然會合於天理，不須要再添加什麼了。用這種純然充滿了天理良知的心去處理外在現實中的事物，用在事奉父母這件事上，自然就合於「孝順」的道理；用在事奉君王這件事上，自然就合於「忠」的道理；用在結交朋友、治理人民這些事情上，自然就會合於「信義」與「仁愛」的道理。你只要從內心去除人的私慾而保存天理良知上下功夫，就行了。」徐愛又問道：「可是就拿事奉雙親這件事來說罷，這裡面有許多細節，比方要照顧父母的起居，使他們多暖夏涼，早晚都要請安問好等等，這些難道都不須要仔細研究嗎？」先生回答道：「誰說不要講究呢！只是天下事理實在是太複雜繁多了，你能夠什麼道理都去講究一番嗎？如果做不到，那就必須有一個重點，這個重點就是要我們從內心去除人慾，存留天理上做起。好比說冬天要講究如何使父母能得到溫暖，你的內心中一定先有了對父母盡孝的動機與念頭，恐怕自己有私慾參雜在心中，侍候父母的時候就有不週到、不盡心的地方了；夏天要講究如何使父母過得涼爽，內心中也一定先有了對父母盡孝的心意，就像講究冬暖一樣。只要心中沒有一絲一毫自私的人慾，純粹是天理良知的話，那麼只要心中存有對父母盡孝的誠意，到了冬天自然會想到父母親可能會受寒，自然會去講究如何讓父母得到溫暖；夏天到了，自然會擔心父母親太熱而去講究如何使父母過得涼爽些。就像一棵大樹，這處誠孝順的心就是樹的根，許多對父母盡孝的方法與細節就是樹的枝葉，必須先有了根，然後才有枝葉生長出來，而不是先去找一些枝葉來，再去種根。古書禮記上有一段講孝順的話：『凡是真正深愛父母的孝子，見到父母時臉上的氣色一定平和；氣色平和的人，一定有喜悅的感情流露；一個人流露著喜悅的感情，一定會有委婉的笑容，父母如果能經常從子女臉上見到這種笑容，那比得到任何物質上的享受還要高興。』就是這個道理。」

2. 愛問：「今人儘有知父當孝、兄當弟者，却不能孝、不能弟，知、行分明是兩件。」曰：「此已被私慾間斷，不是知行本體㈠。未有知而不行者，知而不行，只是不知，聖賢教人知行，正是要復那本體。故大學指個真知行與人看，說『如好好色，如惡惡臭』，見好ㄏㄠ色屬知，好ㄏㄠ好色屬行，只見好色時，已自好了，不是見後又立個心去好；聞惡臭屬知，惡惡臭屬行，只聞惡臭時，已自惡了，不是聞後別立個心去惡。」愛曰：「古人分知行爲兩，亦是要人見得分曉，一行工夫做知，一行工夫做行，則工夫始有下落。」曰：「此却失了古人宗旨，仁（陽明自稱）嘗說知是行的主意，行是知的工夫，知是行之始，行是知之成，若會得時，只說一個知，已自有行在，只說一個行，已自有知在，古人所以旣說知，又說行者，只爲世間有一種人，懵ㄇㄥ懵懂懂，任意去做，便不解思惟省察，只是個冥行妄作，所以必說個知方才行得是；又有一種人茫茫蕩蕩，懸空去思索，全不肯著實躬行，只是個揣ㄔㄨㄞ摩影響，所以必說一個行，方才知得真，此是古人不得已，補偏救弊的說話，今若知得宗旨，卽說兩個亦不妨，亦只是一個，若不會宗旨，便說一個，亦濟得甚事，只是閒說話。」

【譯述】徐愛問：「現在世人都知道應該要孝順父母、敬愛兄長，可是真正能做得到的人却很少，可見得『知道』與『實行』是兩件事情。」先生回答道：「你這種分法，是心中已經被私欲給打斷了，不再是『知』與『行』的本來意思。要知道世界上沒有人是能知而不能行的，像你所說的例子，知道該孝順、該友愛，却做不到，其實並不是做不到，而只是沒有真的明白孝友的真義罷了，只好說他們仍是不知。聖賢敎人要能知能行，正是要恢復人人心中原本自有而被私欲蒙蔽了的良知本性，所以在大學一書中，作者就指點一個真知真行給學者見識一下，他舉的例子是說，好比我們每個人都『愛好美色，討厭惡ㄜ臭』，當我們看見美色的時候，心中能分辨這是美的，這是『能知』，而見到美色，心中生出愛慕的心意，做出愛慕的舉動，這是一種『行爲』，只是當我們見到美色，知道它是美的時候，心中同時也就已經愛慕了，不是見到美色之後，才又在心中另外起一個念頭去愛慕，所以『知』與『行』其實是分不開的。還有像聞到惡臭，心中知道它是臭的，這是『能知』，而聞到惡臭，心中生出討厭它的意思，這是一種『行爲』，只是當我們聞到惡臭的時候，心中同時也就已經討厭了，不是聞到惡臭之後，才又在心中另外起一個念頭去討厭。」徐愛說道：「這樣看來，古人將『知』與『行』分開成為兩件事，其實是讓人容易分得清楚，一種工夫是用在『知』的上面，一種工夫是用在『行』的上面，這樣初學的人才容易有一個開始。」先生答道：「這樣說法還是失去了古人立言的主旨。我曾經說過，『知』是『行』的基礎，『行』是『知』的實踐，『知』是『行』的開始，『行』是『知』的完成。若能體會這幾句話的意思，儘管你只說一個『知』，這個『知』的裡面自然就已經包涵了『行』，或者只說一個『行』，也早已包涵了『知』在其中。然而古人所以要先說一個『知』，又說一個『行』的原因，只是因為世界上有一種人昏昏沈沈，只知道一個人悶著頭去做，也不知道對自己的所作所為，做一番反省與思考的工夫，只是亂做一氣，所以必須說一個『知』來提醒他，讓他先去明白了道理之後才去着手實行。另外世界上還有一種人，整天不做事，只是憑空瞎想一通，却從來不試著去實踐一下，只會亂猜一些結果，所以必須先說一個『行』來警惕他，讓他能真的去實踐他自己所想的道理。這些都是古人為了補救世人的缺點與弊病，不得已才說的，今天我們如果能真正瞭解古人說這番話的用心，那麼說『知』與『行』是兩件事也不要緊，因為自身實際上仍然是知行合一的。如果不明白古人的苦心，那麼縱然你聽了我的話，知道知行該合一，可是實際上體會不到，那麼儘管將我的理論記得熟又有什麼用，只是當它在說閒話罷了。」

3. 澄問主一之功：「如讀書，則一心在讀書上；接客，則一心在接客上。可以爲主一乎？」曰：「好色，則一心在好色上；好貨，則一心在好貨上。可以爲主一乎？主一是專主一個天理。」

【譯述】陸澄問什麼才是專心一志：「比方說讀書的時候，就一心一意都放在讀書這件事上；接待朋友的時候，就一心一意都放在接待朋友這件事上。這樣可以算得上專心一志了嗎？」先生答道：「那麼愛好女色的人，一心一意放在女色身上；貪財的人一心一意放在財物上。這也可以稱他是專心一志嗎?!所謂專心一志，是說將整個心意放在天理良知上，時時自我警惕的意思。」

4. 問：「靜時亦覺意思好，才遇事便不同，如何？」曰：「是徒知養靜，而不用克己工夫也。人須在事上磨鍊，方立得住，方能靜亦定，動亦定。」

【譯述】有人問道：「平時沒事的時候，覺得心境平和，充滿了信心與理想，可是一遇到現實中的事物，就往往把持不定，不知是怎麼一回事？」先生說道：「這是因爲你只知道將自己的情感與志向孤立起來，以爲儘量不去接觸外界的事物，自然就少做少錯，不做不錯了。可是現實中的各種事物，往往它要來的時候，不是我們人力可以控制而使它對我們不發生影響的，這個時候，我們只有面對它，忍耐著去經歷它，然後通過它！唯有多經過這些磨鍊，將現實中的種種困擾與痛苦一一加以克服，我們才會真正對自身建立起信心來，這也才是使我們人真正能活下去的支撑力量。」

5. **言語無序，亦足以見心之不存。**

【譯述】一個人平時是否在專心追求理想，可以從他日常言語中是否有條有理看得出來。

6. 聖人之所以爲聖，只是此心純乎天理，而無人欲之雜，猶精金之所以爲精，但以其成色足，而無銅鉛之雜也。人到純乎天理方是聖，金到足色方是精。

然聖人之才力，亦有大小不同，猶金之分兩有輕重，所以爲精金者，在足色而不在分兩；所以爲聖者，在純乎天理，而不在才力也。學者學聖人，不過是去人欲而存天理，猶鍊金而求其足色耳。後世不知作聖之本，卻專去知識才能上求聖人，敝精竭力，從册子上鑽研、名物上考索、形迹上比擬，知識愈廣而人欲愈滋；才力愈多而天理愈蔽。正如見人有萬鎰〔精金，不務鍛鍊成色，而乃妄希分兩，錫鉛銅鐵，雜然投之，分兩愈增，而成色愈下，及其稍末，無復有金矣。

【譯述】 聖人所以稱他爲聖人的標準，是因爲他心中充滿了天理，而少有自身的私欲參雜在其中的原故。就好比最上等的黃金，所以稱它第一等，是因爲它的純度百分之百都是黃金，而沒有參雜一些銅、鉛之類其它的金屬在裡面。所以做人一定要做到心中再也沒有私念，完全大公無私，才可稱爲聖人；黃金一定要提鍊到純度百分之百的時候，才可以稱它是最上等的精金。但是有一點我們要弄清楚，那就是聖人與聖人之間，他們的才華也有大小不同，就像好幾塊精金放在那裡，每塊的重量也有不同一樣。精金之所以在所有金子中等級第一，乃是因爲它的純度而不是看它的重量；聖人在所有人中最受人敬仰，是因爲他全然大公無私，而不是看他的才華。我們學者向聖人學習，應該專心在去除私慾，呈現天理上面下工夫；就像提鍊黃金的時候，一心要把它的純度提鍊得愈高愈好。然而我們後代的人，往往不明白追求聖人崇高理想的本意，卻專門從知識、才能上去學聖人的模樣，費盡了心力，或是從書本上鑽研，或是從文物上考究探索，或是從聖人的一些行爲上去模仿個樣子。這樣一天一天累積下來，知識的份量是一天比一天多了起來，可是內心中的私慾也是越來越多；才能一天一天的進步，可是天理良知卻越來越被蒙蔽了。正像是看見別人有萬兩上等精金，心中羨慕，卻不知將自己的黃金提鍊成上等精金，和對方比一比，而只希望重量數目和人家一樣多就好了，於是將錫、鉛、銅、鐵等等雜七雜八的金屬都一起投到熔爐裡和金子混在一起，以爲這樣一來重量就可以增加到和對方一樣多了，那裡知道，數量是一樣了，可是純度卻越來越差，到最後，滿爐子裡都是其他金屬，金子比例太少，反而看不見了。

7. 問：「知譬日，欲譬雲，雲雖能蔽日，亦是天之一氣合有的，欲亦莫非人心合有否？」曰：「喜、怒、哀、樂、愛、惡、懼，謂之七情。七者俱是人心合有的，但要認得良知明白。比如日光，雖雲霧四塞，太虛中色象可辨，亦是日光不滅處，不可以雲能蔽日，教天不要生雲。七情順其自然之流行，皆是良知之用，但不可有所著，七情有著，俱謂之欲。然才有著時，良知亦自會覺，覺卽蔽去，復其體矣。此處能勘得破，方是簡易透徹工夫。」

【譯述】有人請問道：「良知好比天上的太陽，人欲好比天空的浮雲；浮雲雖然會遮蔽陽光，可是到底它也是大自然中本有的，有它本身存在的價值。照這樣說來，人欲雖然有時會遮蔽良知，是不是也是人心中原就具備了，而有它存在的價值呢？」先生答道：「歡喜、憤怒、哀愁、快樂、愛慕、厭惡、恐懼，是人心中七種主要的感情。這七種感情都是人心中本就具備的，但是我們最重要的却是必須先認清楚良知在人心中的地位。就用日光來做比喻吧！雖然天氣不好，滿天都是雲霧，可是天空中的景象與色調，還是隱隱約約可以辨認，這還不都是因爲日光照明的功用，並未曾完全被遮蔽掉的原故！我們當然不能因爲浮雲蔽日就叫上天不要生雲了；人的七種情感，順著良知本性自然流露，原來也沒有什麼不好，只是我們普通人的感情往往一發就不可收拾，所以必須要有節制。情感如果對某一種事物太執著，就變成了私欲。但是才一執著的時候，內心的良知本能地就會提醒自己注意，如果這時能有魄力，趕快下決心來調整過度的情感，自然就能將心思回復到原來大公無私的天理上面來了。能夠深切體悟到這一層的時候，才是真正工夫有了入手的地方了。」

8.有言：「童子不能格物㊁，只教以灑掃應對。」曰：「灑掃應對就是物，童子良知只到此，只教去灑掃應對，便是致他這一點良知。又如童子知畏先生長者，此亦是他良知處。故雖遨幺嬉，見了先生長者，便去作揖恭敬，是他能格物以致敬師長之良知。我這裡格物，自童子以至聖人，皆是此等工夫，但聖人格物，便更熟得些子，不消費力。」

【譯述】有人說道：「小孩子年紀小，不能夠研究事物的道理，所以只好教他去做一些灑水、掃地的事，以及和人打招呼的禮貌。」先生聽到之後告訴他：「灑水、掃地，以及熟人相見問好，這些就是道理，小孩子的良知本性，因為年歲還小還沒有完全發揮出來，只教他去做灑水、掃地的事，便是讓他盡他心中這一點良知的意思。又好比小孩子知道要尊敬老師或長輩，這也就是他的良知呈現出來了。所以雖然當他在玩耍遊戲的時候，見到有老師或長輩走過來，也會跑過去鞠躬問好，這就表示他也能明白這些事情的道理，發揮他尊敬師長的良知本性了。我在這裡講學，教人研究事物的道理，不論是小孩或聖賢，都是這樣說法，只不過聖人研究事理的時候，因爲用功已久，便感覺容易得多，不用費多大心力，不像小孩子初學，便必須下苦工、勤努力，才能有收穫。」

註釋

㈠ 一切意念行爲的表現是現象，而現象則出於一個主宰和根源，這就是「本體」。陽明所謂的本體是「良知」。

㈡ 格物　語出「大學」。陽明訓「格」爲正，「物」爲事。認爲意念所在便是事物，良知在意念所在的事物中好善惡惡，使意念事物都呈現正面價值，就是格物。但在陽明以前，朱熹則把格物解釋作：窮究事物的道理，與陽明不同。

浙中學案

前一章我們介紹了明學的代表人物王守仁，現在我們再來介紹他的及門弟子中，幾位出色的人物。

徐愛

徐愛字曰仁，號橫山，浙江餘姚人，與王守仁同鄉，在其衆多弟子中，最先拜師執弟子禮的就是先生。武宗正德三年，先生二十二歲，中進士，授任祈州知州。自此開始正式接受王守仁的敎導，當他聽到老師主張「知行合一」的學說時，因爲與前代學者所說有出入，驚愕不定！沒了入手處，後來漸漸聽得熟了，才慢慢知道做學問應當反身實踐。

二十六歲陞任南京工部員外郎，與老師王守仁同舟返鄉，舟中向老師請敎大學一書的宗旨，聽了之後，淋漓痛快，本來胸中混沌難解的疑難，一旦豁然開朗，接連幾天，高興得如痴如狂，暗思堯、舜、禹、湯至孔、孟以下，歷代先聖先賢所說的道理，文字表面上儘管不同，但是他們的宗旨却都是一樣的，從此深信陽明之學，乃是孔門一脈嫡傳，除此之外，皆傍蹊小徑，斷港絕河。

三十歲時回家鄉省親，第二年因病去逝，距生於明憲宗成化二十三年（西元一四八七年）享年僅得三十一歲。

當年孔門弟子中，以顏淵體道最深，最受夫子稱美，可惜不幸短命而死。先生於陽明衆弟子中，不但拜門最早，而且亦最能領悟師門真傳，與老師同時在朝爲官，朝夕不離，同學中有許多人對陽明之教疑信參半，先生常爲他們解釋溝通，使得門人之間，彼此更加親近。陽明曾經說道：「曰仁真是我的顏淵啊！」先生曾經遊歷南嶽衡山，夢見一位老僧拍着他的背，嘆道：「你的德性淳厚可以比美於顏淵，但是你的壽命也將與顏淵一樣短暫。」先生去世時，陽明正在江西，聽到噩耗，哭泣甚哀。先生雖然去世了，陽明往往在講學時，突然想念起徐愛。師生相互討論學問，遇到道理深刻，不能契會時，陽明就常說道：「這個觀念我曾經與曰仁說過，近年來則很少能跟人說得通了！」一天上完課後，一邊繞着講壇旁邊的柱子走着，一邊嘆道：「要是能使曰仁從九泉之下復生，一同在此聽講，那該有多好啊！」於是率領着同學一起到先生墓前，灑酒祭告而返。

其實不獨老師對學生如此鍾愛，先生對老師也是死心踏地，信心十足！前面我們說過，陽明曾經因得罪劉瑾，貶到貴州龍場，沿途劉瑾又派人加害，幸好陽明機警，假裝投水自盡，那時傳聞陽明已死，家人都又着急，又難過，只有先生肯定地說道：「老師必定未死！上天生下先生，是要倡繼千古相傳的大道絕學，怎麼能夠就這樣不明不白地死了呢?!」後來果然證明陽明並沒有死。

王門學問主旨，前期大致上以敎人收斂身心爲主，所以平常總是敎人靜坐澄心。後來則專門提出「致良知」三個字，敎人隨時隨地將人心中原本具有的善念發揮出來，及於每一樣事物，就自然合於天理正道，沒有差失了。先生英年早逝，所得師門敎誨，都是陽明早期思想，對於「致良知」的理論不曾聽過，可是在先生所記載的師生對話集——傳習錄——裏面，有一段提到陽明說過的話：「知是心的本體，心自然會知；見到父親自然知道應該孝順，見到兄長自然知道應該尊敬，見到有小孩將要掉入井裏去時，自然會生出上前救助的心情，這種知道應該怎樣去做的本能，就是每一個人天生的良知了，只要使這個良知擴充發揮出來，便是致良知。」由此看來，「致良知」並不是在後期才提出來的，而是到了後期特別注重敎人「致良知」罷了！所以陽明的學問，先生實得其眞傳。

以下將先生「文集」摘錄一段：

【文集】

學者大患在於好名，今之稱好名者，類擧富貴誇耀以爲言，抑末矣。凡其意有爲而爲，雖其跡在孝悌忠信禮義上，猶其好名也，猶其私也。古之學者，其立心之始，卽務去此，而以全吾性命之理爲心，當其無事，以勿忘勿助而養吾公平正大之體，勿先事落此谿丅一徑，故謂之存養；及其感應而察識其有無，故謂之省察，察知其有此而務決去之，勿苦其難，故謂之克治，專事乎此而不以怠心間之，故謂之不息，去之盡而純，故謂之天德，推之純而達，故謂之王道。

【譯述】　讀書人最大的毛病就是好名，可是現在一般人都以爲好名就是指說大話或顯耀自己的財富名位，其實這只是表面而已。真正對求道的人來說，雖然你的行爲是孝順父母，友愛兄弟，甚至是合乎忠信禮義的好事，但是只要你在做這些事的時候，心中是存着「我在做好事」這樣的念頭，那仍然是一種「好名」，仍是一種自私。所以從前的學者，在一開始下決心求道的時候，就務必要革除心中這種自私的念頭，平常沒事的時候，心中就要保持平靜，培養心中的公正念頭，不要起惡念，這種工夫叫做「存養」；等到與外界接觸，起了念頭要做什麼事之前，一定先反省這個念頭有沒有私意，這種工夫叫做「省察」；當反省到念頭中果然有私意時，努力加以除去，不要怕難，這種工夫稱做「克治」；一生都這樣努力不斷地做這些去除私意，培養善念的工夫，不肯懈怠，就稱做「自強不息」；等到有一天私意都去除乾淨，滿心都純然是善念時，就稱這個人的德行與天相合，叫做「天德」；憑着這種大公無私的胸懷，做救人救世的事業，就叫做「王道」。

錢德洪

錢德洪本名寬，字才叫做德洪，後來因爲大家都只稱他的字，漸漸本名反而很少有人知道了，於是就以字當名，而另外再取了一個字叫洪甫。浙江餘姚人，與老師王陽明先生同鄉。陽明平定寧王朱宸濠的亂事之後，回到家鄉，先生與數十位同志一同來拜先生爲師。此時四方來向陽明問道的學者非常多，陽明有時候應接不暇，就指派先生和王龍谿ㄒㄧ先生（下一位就會介紹）兩名大弟子，將師門學問的宗旨大要，先爲學者做一番介紹之後，再由陽明親自指點，於是一時之間，學者都稱先生與王龍谿ㄒㄧ爲「教授師」。陽明出征思田的時候，先生與龍谿在家鄉的書院中留守。嘉靖五年與龍谿皆中進士，七年，正在等着最後一關皇帝的親自口試，忽然傳來恩師去世的訊息，於是也不等皇帝的召見，就與龍谿一同奔喪到貴溪。門人弟子聚在一起商量該如何辦理喪事，先生說道：「恩師在半路上去世，沒有家人或親屬在此主理喪事，做弟子的原本應當代替恩師的子孫戴孝盡禮，只是我自己的父母還在，不能披麻帶孝。」龍谿在一旁說道：「我沒有尊親，可以服喪！」於是使喪禮得以順利進行，喪事完畢之後，又與龍谿在恩師墓旁築室而居，以盡心中的哀傷與思念之情。

嘉靖十一年，先生三十七歲才與龍谿一起通過了口試，先生被分發到刑部（司法部）任職。有一天皇帝明世宗朱厚熜夜遊西山，召見寵臣武定侯郭勛ㄒㄩㄣ一同前往，但是郭勛竟因事沒有來！由於郭勛平日恃寵而驕，橫行不法，舉朝官員都恨他入骨，這時正好利用他違旨不到，由一位名叫高時的官員出頭檢舉，由錦衣衛逮捕下獄，加以偵訊，然後轉送刑部，案子正好分派給先生處理，此時朝廷中的官員都想要判郭勛一個圖謀不軌的大罪名，但是先生還是依法論罪，雖然罪名仍須處死，但是却不中大臣們的心意！而事實上，世宗對郭勛仍然寵信，只是因爲郭勛有時做得太過分了，正好這次利用機會嚇他一下，目的只是要他收斂一點，並不是真的要把他處死！所以先生辦好了公文送給皇帝批示的時候，世宗竟然按着不批。而這時候百官們也感覺到皇帝的心意，深怕郭勛一旦不死，出獄之後要找他們報仇，於是就想辦法陷害先生，要讓先生當替死鬼，檢舉先生不明法律，亂判郭勛死刑，世宗也就藉此機會下臺，宣稱所以一直不批准處決郭勛的公文，就是因爲查出先生是在故意陷害郭勛。於是先生就在這些宮廷的狡詐陰謀中，被一羣小人給陷害了！

先生步郭勛的後塵給關入特務機關後，並沒有失去信心，他在獄中爲獄友們講解易經，以此度日。直到後來郭勛死了之後，才被放出來。從此先生努力從事學術研究，並且到四方講學，直到七十歲才定居下來，不再遠遊。明神宗萬曆二年（西元一五七四年）去世，享年七十九歲。

陽明門人中以徐愛受業最早，但英年早逝，於是先生與王龍谿二人遂稱王門大弟子，陽明之學後來流傳全國，影響深遠，得以發揚而傳播的功勞，當以二位先生居功最大。

現摘錄先生部分著作於後：

【會語】

1.思慮是人心生機，無一息可停，但此心主宰常定，思慮所發，自有條理；造化只是主宰常定，故四時日月往來，自不紛亂。

【譯述】人心會思慮，正表示人心是活潑而有生氣的，所以片刻都不能停止，我們只要心中對生命的價值標準能夠確立，那麼思想考慮事物的時候，自然能夠有正確的選擇與決定了；就好像宇宙之間有一定的天文物理定律，所以春夏秋多四季的變換以及日月星辰的運行，都有一定的時間和一定的軌道，不會紛亂了一樣！

2.聖人於紛紜交錯之中，而指其不動之真體，良知是也。是知也，雖萬感紛紜，而是非不昧；雖衆欲交錯，而清明在躬。至變而無方，至神而無迹者，良知之體也。太虛之中，無物不有，而無一物之住，其有住，則卽爲太虛之礙矣；人心感應，無時不有，而無一時之住，其有住，則卽爲虛靈之障矣，故忿懥出好樂，恐懼憂患，一著於有心，卽不得其正矣！故正心之功，不在他求，只在誠意之中，體當本體明徹，止於至善而已矣！

【譯述】聖人在紛紜繁擾的各種現實事物之中，能夠始終保持身心的平靜清明，只是因爲心中有一個主宰，而這個主宰就是人的良知！人因爲有了良知，於是能夠在複雜的事理中，分辨是非；能夠在衆多慾望的刺激中，保持清醒，不被誘惑。這良知的本體，我們看不見、摸不着，可是却能自覺到它妙用無窮。宇宙中包容了萬物，可是因爲它廣大無邊，所以任何一樣事物都不會受到限制，如果有了限制，宇宙就不再是廣大無邊的了！人心中也無時無刻沒有事物在感應着，但是却也要像宇宙包容萬物而無礙一樣，不可以被事物給牽纏了，因爲心靈一被事物牽纏住了之後，它的活潑生氣、良知本能就都將失去了作用！所以忿怒、喜樂、恐懼、憂患這些情感，它本來是人心中自有的，沒有什麼不好，可是如果我們沒有節制，讓它發揮流露得過度，在心中滯ㄓ留得太久，就反而會傷害到我們的身心，造成更大的痛苦！而要能節制情感的發洩，不使它過度的辦法，主要在於時時存着一顆虔誠的心，去體會良知在內心中給我們的種種指示，一直做到盡善盡美，徹底解決的地步！

3. 只求不拂良知，於人情自然通得；若只求不拂人情，便是徇ㄒㄩㄣ人忘己。

【譯述】只要能夠做到不違背心中良知的呼喚，對於一般的人情世故，自然都能瞭解並處理它；如果不管良知的該不該做，而只是一心想不得罪人，那是諂ㄔㄢ媚ㄇㄟ別人，忘了自己做人的原則了。

4. 問：「感人不動如何？」曰：「才說感人便不是了，聖賢只是正己而物自正，譬如太陽無蔽，容光自能照物，非是屑屑尋物來照！」

【譯述】有人問道：「有些時候，當我們去感化他人不成的時候，該怎麼辦才好？」先生說道：「你心中一開始就存了要去感化別人的念頭，就不對了。其實聖賢們只是注意自身德行的培養，只要自身的生命能夠得到完美而徹底的解決，那麼在這個努力奮鬪的過程中，種種刻苦耐勞，爲理想追求到底的精神，自然能令看到的人感動，而興起同樣追求的願望，那裏用得着刻意去找別人來感化他呢！就好像天上的太陽沒有雲遮的時候，凡是世界上能夠反射光線的物體，都被照射而顯現出形體來，那太陽又何曾不嫌麻煩地主動去找東西來讓它的光照耀呢?!」

5. 問：「致知存乎心悟。」曰：「靈通妙覺，不離於人倫事物之中，在人實體而得之耳，是之爲心悟。世之學者，謂斯道神奇秘密，藏機隱竅く一厶，使人渺茫恍惚，無入頭處，固非真性之悟。若一聞良知，遂影響承受，不思極深研幾，以究透真體，是又得爲心悟乎?」

【譯述】有人問道：「要發揮良知的作用，是不是必須靠人內心的領悟?!」先生答道：「要對自己心中的良知有所真正的覺悟，那和日常生活中種種事情是分不開的，必須我們經常從每一件遭遇的事情上去磨鍊，去反省，才會在心中真正有心得！這才是真的領悟。但是現在一般學者，故意把良知說成有多麼神奇秘密，其中蘊涵着多麼深奧玄妙的關鍵，使得一般人感覺迷迷糊糊的，找不着開始努力的第一步路了，這種情形，當然談不上真正的領悟。至於說有另外一種人，一聽到良知的道理，就馬上以爲懂得了，並且深信不疑，整天就自以爲他已經得道了，已經受到良知的影響，在品德上有多麼進步了！却是從來不曾深刻地去仔細反省磨鍊一下，這種情形自然也是不算真正有所領悟的了！」

6. 毋求諸已放之心，求諸心之未放焉爾已。夫心之體，性也；性不可離，又烏得而放也?!放之云者，馳於物焉已爾！

【譯述】如果心中因爲一時懈怠，放鬆了自我警惕，而失了心意做了錯事，那麼不用再爲已經過去了的事情懊悔，相反地，應該將悔恨的心情，轉過來用在以後的追求上，把握未來，不要再犯同樣的錯誤就行了。我們能思考反省的良心，它的本質就是我們每一個人天賦的人性，這人性是一天也離不開的，因爲一失去了人性就不是人了，所以說心是不會失去的，所謂失了心意的意思，只是說我們心中的念頭，不專注在正經事情上面，而注意到外界一些不重要的無聊事，甚至邪惡的壞事上面去了！

【論學書】

1.或謂吾黨於學，未免落空。初若未以爲然，細自磨勘，始知自懼。日來論本體處，說得十分清脫，及徵之行事，疏略處甚多，此便是學問落空處。譬之草木，生意在中，發在枝幹上，是自可見。

【譯述】有人認爲我們做學問，往往不着邊際，只是會空口講些大道理罷了。起初聽了自認爲那會如此糟糕！可是等到慢慢仔細反省之後，才發覺真的是這樣，於是心中不由得失去了信心！就像我們最近討論學問的時候，對於人性的根本道理，說得又多又完備，可是反省一下自己生活中的種種行爲處事，發覺做不到的地方竟然有一大堆，這就難怪人家會批評我們空口說大話了啊！好像草木的種子充滿了生長的潛能，可是你從外表看不出來，你能夠知道它的生命活力，全要從它每天不斷新生的枝幹以及茂密的樹葉上，才看得出來！

2.人生與世情相感，如魚遊於水，隨處逼塞，更無空隙處；波蕩亦從自心起，此心無所牽累，雖日與人情事變相接，真如自在，順應無滯，更無波蕩可動，所謂動亦定，靜亦定也！若此心不免留戀物情，雖几坐虛齋，不露風線，而百念自來熬煎，無容逃避。今之學者才遇事來，便苦攪擾，便思靜處，及到靜處，胸中攪擾猶昔，此正不思動與不動只在自心，不在事上；揀擇致知格物工夫，只須於事上識取。本心可見，心事非二，內外兩忘，非離卻事物，又有學問可言也！

【譯述】人活在世界上，一輩子都受到人情世故的包圍，就好像水中的游魚，終生都要被水逼塞着一般。然而雖然受到人情世故如此包圍，可是心中是否會受到干擾，卻全看自己的修養工夫如何了！只要自己心中把持得住，雖然每天與人情事變接觸，自己內心中的良知能夠充分發生它的作用，自然就能從容應付了。這就是所謂不管有事還是沒事的時候，都能安然處之的意思！因爲如果自己心中對現實有所牽掛，那麼即使一個人獨坐在屋中，關上門窗，外界事物都碰不到你，可是你心中千萬種現實的念頭卻關它不住、擋它不掉，全會一齊擁上你的心頭跟你糾纏，使你遭受煎熬，無法逃避！如今學者們一遇到有事，就覺得厭煩，就想找個安靜的地方躲開算了，可是就算他找到了可以隱居的地點，可是令他煩擾的事却依然纏繞在他的胸中，揮之不能去，這種毛病是因爲他們不知道反省這些煩惱只是因自己心中有沒有一個自我主宰的力量，而不是那些現實事物本身所造成的！選擇研究事物道理的方法，須要從事情上多磨鍊學習。良知本性自己反省就能覺悟得到，良知所含的道理與外在事物是分不開的。所以要教我們不要太去強調那個是內心的，那個是外在的，並不是要我們對任何事物都躲了開去，相反地，却須要我們多去學習，多去實踐，才能獲得真理。

3. 覺卽是善，不覺卽是利，鷄鳴而醒，目卽見物，耳卽聽物，心思卽思物，無人不然，但主宰不精，恍惚因應，若有若無，故遇觸卽動，物過卽留，雖已覺醒，猶爲夢晝。見性之人，真機明察，一醒卽覺，少過不及，覺早反亟ㄐㄧˊ，明透之人，無醒無覺，天則自著，故耳目聰明，心思睿ㄖㄨㄟˋ知，於遇無觸，於物無滯。

【譯述】能夠對生命產生覺悟的人，卽具備有上進的可能；而不能覺悟的人，多半終生會被現實中的利害糾纏著，不能解脫！我們平常清晨鷄鳴而醒，眼睛就能看見東西，耳朵就能聽見聲音，心中的思考就能想事情，每一個人都是如此，但是因爲剛醒過來，精神上還迷迷糊糊的，所以不管是看、是聽還是想事情，也都是茫茫然若有若無的樣子，不能十分清楚。而我們一般人一生，對生命的追求，對道理的研究，就很像早上剛起床的人一樣，一輩子就都昏昏沉沉地過去了，遇到有困難的時候，就慌慌張張，不知所措，雖然人是活着，可是就好像在做白日夢。然而真正洞察人性的本質，自覺到良知本性無窮妙用的人，一睜眼就清醒了，很少有踰越了道理正當本分的時候；至於那些清醒已久，對生命徹底了悟的人，根本連醒與不醒、覺與不覺的分別都沒有了，完全恰合自然，所以見理明白，智慧圓融，處理困難事情時，都能完美的解決。

4.師在越時，同門有用功懇切而泥於舊見，鬱而不化，師時出一險語以激之，如投水石於烈焰之中，一時解化，纖滓不留，此亦千古之大快也！聽者於此等處，多好傳誦，而不究其發言之端，故聖人立教，只指揭學問大端，使人自證自悟，不欲以峻言隱韻，立偏勝之劑，以快一時聽聞，防其後之足以殺人也。

【譯述】 先師王陽明先生在浙江的時候，同門師兄弟裏面，有人用功非常勤苦，可是却被舊時某些錯誤的學說所困擾着，不能解開心中的結，先師於是往往利用恰當的機會，故意講一兩句通透明快的言語，來激發他，就好像冰晶遇到烈火，剎那之間就消失無蹤，不再留下任何痕迹一樣的，心中糾纏已久的結，一時都被解了開來！這種事情，自然足以令人感到非常痛快，聽到的人也都喜歡記頌這些痛快淋漓，通透人心的話，到處宣揚，可是他們却忘記去仔細想想，老師起初爲什麼要說這些話的目的！到頭來只是背得一些言語罷了！所以聖人立言，敎導學者，有時只指點一個入門的重點，然後就要靠學者自身去實踐體驗，讓他自己慢慢有所領悟，產生心得，而不願意說些精彩好聽的話，讓人只是聽的時候痛快一陣子就算了，主要用意就是要防止將來這些話反而害了聽講的人！

王畿

王畿字汝中，別號龍谿ㄒ一，浙江山陰人。二十二歲鄉試及格。性格豪邁放蕩，不拘小節。二十六歲參加禮部（教育部）考試落榜之後嘆道：「求學最重要的是自己心中真的要有所得，看來過去我只不過是學到了一些知識而已！」於是返鄉拜入王陽明先生門下。先生對老師的學理都能毫無阻礙的領會，所以陽明非常高興，特別爲他空出一間清爽安靜的房間，可以好好用功。

嘉靖五年，先生二十九歲，又到了會考的考期，這回先生由於在陽明門下浸潤已久，自認已得老師真傳，覺得世間功名都不再能滿足自己，有點不屑參加政府的考試，陽明這時對他說道：「我不會因爲你考中了一個功名就感到特別光榮！只不過我的學說，目前在人們心目中總是半信半疑，你現在如果能上京城參加考試，正好可以利用這個機會，將我的學說解釋傳播給各地上京應考的知識分子。」先生聽了這番話之後，才決定與錢德洪先生一同上京去考試。這回兩位先生都上了榜，可是由於當權者都不注重學問，看輕讀書人，先生於是對錢德洪說道：「這種時代，又豈是你我這種人應該出來做事的時候！」於是都不等皇帝口試就回家鄉去了。

陽明學生日漸增多，常派先生與錢德洪當助教，先生此時爲人已經變得和氣委婉，門人之間，受這位大師兄的教誨感動，都能和睦相處。陽明去世之後，先生與錢德洪負起傳播老師學說的任務，四十幾年間，講學四方，各地都有講堂，皆以先生爲王學宗傳！一直到八十歲的時候，還能到處遊歷講學。直到明神宗萬曆十一年（西元一五八三年）方才去世，享年八十六歲。

現摘錄先生著作於後：

【語錄】

1.聖人所以爲聖，精神命脈全體內用，不求知於人，故常常自見己過，不自滿假，日進於無疆；鄉愿ㄩ丂惟以媚世爲心，全體精神盡從外面照管，故自以爲是，而不可與入堯舜之道。

【譯述】聖人所以能夠成爲聖人，主要是因爲在追求生命的過程中，將他們全部的精力都專注在自身內在智慧的培育上，不求社會上一般的虛名，所以能夠時常發覺自己的錯誤而加以改正，不會自以爲了不起，所以一天天進步，終於有了極大的成就？像貌似乎忠厚老實，而實際行爲却十分卑鄙的鄉愿，永遠以追求時髦、迎合世俗的觀點爲自身行爲的準則，全部時間和精力都用在追求現實中的利祿上面去了，所以沒有是非和道德的觀念，總以爲自己非常了不起，不肯虛心學習，所以永遠不能有真正的成就！

2.「致良知」只是虛心應物，使人人各得盡其情，能剛能柔，觸機而應，迎刃而解，如明鏡當空，姸ㄧㄢˊ媸ㄔ自辨，方是經綸ㄌㄨㄣˊ手段。才有些子才智伎倆ㄐㄧˋㄌㄧㄤˇ，與之相形，自己光明反爲所蔽。

【譯述】 要能發揮自己內心的良知本性，主要必須做到待人接物的時候，完全依憑天理，而不摻雜一絲一毫自身的私慾進去。假如每一個人處理事情的時候，都能做得恰到好處，合乎自然的本性，在該剛強的時候也能剛強，該柔弱的時候也能柔弱，隨着時機與客觀條件的變化，謹愼的做去，自己的心就好像高掛在空中的明鏡一樣，能夠分辨世間一切美醜善惡，這才是處理大事、擔當大任的人應有的修養與工夫！如果處理事情的時候，只會曉得要些小心機，用些小手段，那不但不能和前面所說的情形相比，自己內心的良知反而被蒙蔽了！

3. 古者教人，只言藏修遊息，未嘗專說閉關靜坐，若日日應感，時時收攝，精神和暢充周，不動於欲，便與靜坐一般，若以現在感應不得力，必待閉關靜坐，養成無欲之體，始爲了手，不惟蹉跎ㄘㄨㄛ ㄊㄨㄛ現在功夫，未免喜靜厭動，與世間已無交涉，如何復經得世?!

【譯述】從前聖賢教人，只說要過一種道德謹嚴的生活方式，必須在心態上，徹底將現實中的慾望捨除，並沒有教人整天關起門來閉目靜坐，躲開整個世界的意思。如果心靈每天與事物接觸，而隨時能夠反省思考，一切順着天理做去，保持精神上的平靜與充沛的活力，不要牽涉到自身的私慾，那麼所得到的效果，和靜坐所想要達成的也沒有什麼不同！如果說現在與事物接觸就會牽動自身的慾望，一定要閉門靜坐，才能眼不見，心不煩的話，那麼不但是將現在大好光陰浪費了不說，同時不免養成一種喜靜厭動的習慣，並且與人間毫不相干了，那還談得上貢獻社會與人類一分力量嗎？

4. 立志不真，故用功未免間斷，須從本源上徹底理會，種種嗜好，種種貪著，種種奇特技能，種種凡心習態，全體斬斷，令乾乾淨淨，從混沌中立根基，始為本來生生真命脈，此志旣真，功夫方有商量處。

【譯述】學者由於當初立志的時候，或是下的決心不夠，或是對於理想認識不清，所以在後來追求用功的時候，常常會有懈怠的情形產生，這種弊病必須從內心的根本心態上徹底反省，將日常生活中各種會浪費時間的嗜好、各種貪慾、各種無益於身心的奇異才能或特技，以及各種世俗的習慣與觀點，全部一起給剷除得乾乾淨淨，然後從人最基本的良知本性上立定脚步，好好踏出第一步，這才是本來生生不息的追求理想的根源！這點做得到，用功才能有落實的地方！

5. 先生講學山中，一人資性警敏，先生漫然視之，屢問而不答；一人不顧非毀，見惡於鄉黨，先師與之語，竟日忘倦。某疑而問焉。先師曰：「某也，資雖警敏，世情機心，不肯放捨，使不聞學，猶有敗露悔改之時，若又使之有聞，見解愈多，趨避愈巧，覆藏愈密，一切圓融智慮，為惡不可復悛矣！某也，原是有力量之人，一時狂心銷遏不下，今旣知悔，移此力量為善，何事不辦，此待兩人所以異也！」

【譯述】老師當年在山中講學，聽講的學生之中，有一人天資機警聰敏，然而老師却對他有點冷淡，經常是這個人問了十句，而老師回答他不到一句；另外還有一位學生，個性剛強，完全不管別人對他的批評和毀謗，因而在家鄉得不到親友鄰居的諒解，可是老師却經常和他談論，並且一談就是一整天，絲毫不覺疲倦！我曾經感到奇怪而問老師是什麼原因？老師回答道：「第一個人雖然天資機警聰敏，可是既然到我這裡來，學習追求生命大道的學問，那麼一切世俗的觀念和現實中勾心鬪角的心機就該收了起來才對，可是他却仍然放不下，這樣一來，我如果不敎他什麼知識與道理，那麼他也只不過是個世俗的普通人罷了，還有他不學無術的弱點，既有弱點就有露出馬脚的時候，這時或許他還能有羞恥之心，加以悔改的機會！如果他心機不肯捨棄，我又敎給他道理，那麼學問見解愈多，不但對他沒好處，反而使他做壞事的時候，有了許多似是而非的藉口，學問越大，只因爲心術不正，於是爲害越大，再也沒有人能夠制得住他了！所以我才故意不理他，只望他能反省到我的用心，先把心靈洗乾淨，再來談學問。第二個人就不同了，他本是一個有毅力的人，只是一時間剛強偏激的心平服不下來，現在既已悔改，到我門下來求學，那麼他將他原來堅毅不拔的力量與信心，用在追求生命理想的路途上，那又還有什麼困難呢？所以我非常願意教他。這也就是我對兩人不同的原因了！」

6.念菴乃謂世間無有現成良知，非萬死功夫，斷不能生。以此較勘虛見附和之輩，未爲不可；若必以現在良知與堯舜不同，必待功夫修證，而後可得，則未免矯枉之過。

【譯述】羅念菴認爲世界上沒有人是天生就能夠將良知充分發揮的人，必定要經過千辛萬苦，一輩子努力精進才能做到。我以爲這種觀點，如果是用來警惕一般沒有主見，只會聽了一些道理之後，就隨便亂說一通，喜愛誇口的人，倒還可以。如果一定認爲每個人目前所具有的良知，與聖賢不同，一定要經過修鍊印證的功夫之後才算是發揮了良知的大用，那可未免有點太苛求了！

7.先師自云：「吾居夷以前，稱之者十九；鴻臚以前，稱之者十之五，議者十之五；鴻臚以後，議之者十之九矣。學愈真切，則人愈見其有過！前之稱者，乃其包藏掩飾，人故不得而見也。」

【譯述】先師曾經說過：「我這一生中，在被放逐到貴州龍場以前，相識的友朋裡面，十個人有九個都稱讚我；等到後來被召回南京做外交部禮賓司長的時候，十個人裡面只有五個人稱讚我了，其他五個人變得對我批評起來了！又後來過了幾年等到不在南京做官的時候，變爲十個人中，九個都在批評我的不是了。這其中原因是因爲我的學問一天天進步，內心一天天變得真誠無瑕，於是一有過失就容易被人看了出來！而從前所以會有那麼多人讚美我的長處，只是因爲過去我的心中充滿了虛僞，有了良心上過不去的念頭或行爲，我故意去把它給掩飾起來，不讓人家知道，於是別人就只看得見我的長處，其實從前的種種虛僞，又那能跟今天的真誠相比呢！只是一般人都只注重表面，而忽略了內心的真實罷了！」

8. 常念天下無非，省多少忿戾！

【譯述】如果能夠體諒世人包括自己在內，都具有各種人性的弱點，難免會犯一些錯誤，那麼當遇到不平的事或遭遇到困難與挫折的時候，心中或許就不會太憤憤不平了！

9. 父子兄弟不責善，全得恩義行其中，如此方是曲成之學！

【譯述】 父子兄弟本來是最親近的一家人，所以如果彼此之間發現對方有過錯的時候，最好儘量包容原諒他，不要直接指責他的過錯，因爲那是最容易傷了親情的事！如果能夠做得到這樣，使得彼此恩義得以保全，不傷和氣，寧可自己委曲一點，那才是真正有修養功夫的人！

10一友用功，恐助長落第二義。答云：「真實用功，落第二義亦不妨。」

【譯述】 有一位朋友非常用功，却又擔心太用功了，反而有害處，恐怕不是第一流講法！先生回答道：「只要你捫心自問，真的像你所以爲的是那樣用功的話，就算不是第一流又有什麼關係呢?!做學問主要是要對自身負責，真有心得才算數，社會上一般人所分的第一流、第二流又去理它做什麼?!」

11知者心之本體，所謂是非之心，人皆有之；是非本明，不須假借，隨感而應，莫非自然。聖賢之學，惟自信得及，是是非非，不從外來，故自信而是，斷然必行，雖遯世不見是而無悶；自信而非，斷然必不行，雖行一不義，殺一不辜，而得天下不爲，如此方是毋自欺，方謂之王道，何等易簡直截！後世學者，不能自信，未免倚靠於外，動於榮辱，則以毀譽爲是非，惕於利害，則以得失爲是非，攙和假借，轉摺安排，益見繁難，到底只成就得霸者伎倆，而聖賢易簡之學，不復可見！

【譯述】能夠知覺反省，這種能力就是心的本質。所謂能夠辨別是非的能力，人人都有，是非善惡的標準，原本是清清楚楚，不須要多說的，順其自然，遇到有事時，自然能用得上。聖賢們的學問，主要就是他們真正對自身具有充分的信心，相信自已良知所做的判斷，一切是非善惡的價值標準，全從內心良知發展出來，不管外在世俗的觀點是如何說的！所以當他自信這件事是對的時候，他就必定會徹底追求下去，縱使這樣做會遭到現實中的種種挫折與痛苦，甚至從此一輩子沒沒無聞，只要是爲了真理，他都心甘情願；相反地，如果他的良知判斷告訴他某件事是錯誤的，那麼他就一定不去做，即使只要他做一件違背正義的事，殺一個無辜的人，就可以擁有掌握世界的權柄，他也不肯去做；必須要做到這種地步，才是沒有自欺欺人，才是正大光明的行爲！這又是多麼乾淨俐落，直捷了當的事啊！然而後來的學者們，往往自身努力不夠徹底，信心與智慧都不完備，於是難免受世俗的價值標準的影響！於是當面臨到榮辱關頭的時候，就以我這樣做了之後別人對我是讚美還是批評來做爲判斷是非的標準，而不管事情的真正對錯，或者我這樣做究竟合不合於道義！計較利害的時候，就以我這樣做了之後，到底是得到好處還是得不到好處，來做爲判斷是非的標準！於是一會兒到處找藉口，一會兒又動用起心機來了！最後頂多只是個陰謀多端的奸雄罷了！而聖賢直接了當，通透人心的學問，從此都不容易見到了！

12耿楚倥曰：「陽明拈出良知二字，固是千古學脈，亦是時節因緣。春秋之時，功利習熾，天下四分五裂，人心大壞，不復知有一體之義，故孔子提出個『仁』字，喚醒人心，求仁便是孔氏學脈；到孟子時，楊墨之道塞天下，人心戕賊，不得不嚴爲之防，故孟子復提出『義』，非義則仁無由達，集義便是孟氏學脈；晉梁而下，佛老之教淫於中國，禮法蕩然，故濂溪欲追復古『禮』，橫渠汲汲以『禮』爲教，執禮便是宋儒學脈；禮非外飾，人心之條理也，流傳既久，漸入支離，心理分爲兩事，故陽明提出『良知』，以覺天下，使知物理不外於吾心，致知便是今日學脈，皆是因時立教。」先生曰：

「良知是人身靈氣，醫家以手足痿痺爲不仁，蓋言靈氣有所不貫也，故知之充滿處卽是仁，知之斷制處卽是義，知之節文處卽是禮，說個『仁』字，沿習旣久，一時未易覺悟，說個『良知』，一念自反，當下便有歸著，尤爲簡易。」

【譯述】 耿楚倥說道：「王守仁先生提出『良知』這個觀念，做爲他整個學門的主要宗旨，一方面固然指出了聖賢千古相傳的根本意圖，但是同時也是因爲時代的影響，針對學術社會的流弊才提出這個主張的！起初在周朝末年的春秋時代，天下爲諸侯們所割據，四分五裂，社會上到處都瀰漫着貪慾好名的風氣，人心大都受到不良的影響，不再知道人類生命中種種崇高的價值與理想，於是孔子在這個時候提出了他一生學問的宗旨——『仁』，希望能喚醒一心沉迷於外在現實利害的人心，所以『求仁』便是孔子學問的重心；後來到了孟子活著的時代，楊朱與墨子兩家的學說廣泛地流行於社會，雖然他們的理論也有可取的地方，可是如果從個人生命理想的上揚和現實人存的實際規劃的互相整合上看來，仍然不如儒家學說的完備，聰明才智領悟力高的人，或許還可以從他們的學說裡面截長捨短，能力稍差的人，就難免誤入歧途，壞了本性，於是孟子不得已又提出一個『義』的觀念，確實指點出在人性裡面，做爲思想行爲標準的道德原則，因爲不透過人對自身這種力量的自覺和把握，則將永遠達不到孔子那種美學精神與自然宇宙大結合之真正『人』的可能！所以隨時培養與發揮這種內在的精神力量，是孟子一生學問的宗旨；又過了很久，到了晉代和南北朝的時期，並且一直接下來，由於中國遭逢許多大的動亂，兵連禍結，人生苦難深重，於是佛家與道家的世俗宗教部份，開始在民間流行，漸漸形成一種普遍流傳於人心中的悲觀和逃世的思想，人性中那種刻苦忍耐，艱苦奮鬪的情操，逐漸消失不見了，人們開始任情放縱，而不顧世間的禮法規範，所以到了宋朝統一天下，大儒周濂溪出來講學，首先就要提倡恢復古代的禮法，讓散漫已久的人心，先有一個安身立命的基礎；又等到宋朝另一位大儒張橫渠與起之後，更是以人倫之間相互接觸時應有的禮法做爲教學的主要內容。其原因主要是因爲現實中人文環境愈來愈複雜，人的心地越來越是狹小和瑣碎，從前古代孔孟那種大胸襟、大氣魄的純樸人性似乎已經難以見到了，爲了要讓人在現實無數的糾纏與折磨中，還能夠好好地活下去，於是特別強調人與人之間互相交際應對進退時所應該遵守的分寸與法度！所以執守禮法不敢違背，是宋代儒家學者的基本宗旨；但是宋代儒家所講的禮法，也不僅僅是一些空洞的道理與條目，它的背後自然也有它能夠成立的根本精神存在著！那就是人還是要有能夠冷靜思考、分辨是非的理性能力，透過理性的分析與思考，然後才能將現實中複雜多端的各種事物，加以分類和做出價值判斷！可是到了後來，這種『禮法』的教訓也因爲流傳久了之後，變成一些虛僞的條文，人們談到禮法的時候，往往將自己和道理本身分開，成爲懂得禮法的讀書人，自己的私生活却不能見人，整天教給學生的都是從前聖賢的道理，可是自身實際上却沒有一點值得尊敬的德行！所以就在這種情況之下，王守仁先生出來，直接了當的說出『良知』二字！就是要打破這一切虛僞、散漫、怠惰、自欺而不切生命實際的現象，讓天下人都能自覺到一切事物的道理就在我們內心中，只要能儘量發揮這種能力，不要自欺，就能逼近生命的真實了！所以擴充發揮良知本性，是現在做學問的宗旨！由此可見這些歷代偉人們的教訓，實在都有它們所以產生的時代背景的啊！」先生聽了之後說道：「人有良知這種本性，是人能成爲萬物之靈的根本原因！醫學上說人的手脚不能動，叫做痲木『不仁』，就是說這個人的良知本性不充沛，只要良知本性充沛，運行無間，就是一個真正的『人』了！依據良知本性所做的價值判斷，就是『義』；根據人的良知本性，找出人與人之間各種行爲接觸時應有的分寸和法度，就是所謂『禮』！孔子當時只說個『仁』字，沿用久了，大家聽習慣了之後，反而不當它一回事，現在老師說個『良知』出來，大家只要一念之間反省一下，立刻就有領悟的地方了，所以能特別通透人心！」

13.念不止於憤怒，凡嫉妒褊ㄅㄧㄢˇ淺，不能容物，念中悻悻ㄒㄧㄥˋ，一些子放不過，皆忿也；欲不止於淫邪，凡染溺蔽累，念中轉轉，貪戀不肯捨却，皆慾也。懲窒之功有難易，有在事上用功者，有在念上用功者，有在心上用功者。事上是遏於已然，念上是制於將然，心上是防於未然。懲心忿，窒心慾，方是本原易簡功夫，在意與事上遏制，雖極力掃除，終無廓清之期。

【譯述】人的心中難免會有忿忿不平的時候，然而忿忿不平不僅是指憤怒的時候，凡是心中因爲有偏見而嫉妒別人，或是不能容忍現實中種種不順心的遭遇，而在心中常常懷著憤世偏激的想法，什麼事情都要計較，這些都是一種忿恨；人的心中也難免會有慾望，慾望也不僅是指肉慾而言，凡是沈溺在一種癖好之中，浪費大好光陰，又無助於生命智慧的獲得，或是貪戀某些事物而心中割捨不下，都是慾望！而當我們要戒絕忿恨之心，止塞貪慾之情的時候，所用的功夫因爲方法與對象的不同，而有難易差別。有些人是當有忿恨或貪慾的實際行爲發生時，下功夫去改過，這種方法是就實際產生的事情上去磨鍊自己！又有一種人是在意念中已經有了忿恨或貪慾的念頭時，努力克制，使它不發作出來，而變成實際行爲，這種方法是在錯誤就要發生而還差一點沒有發生的一刹那，克制自己，警惕自己！再有一種人是在平時心中還沒有忿恨或貪慾的心意時，就先設法警惕自己，讓這些不好的情緒，根本不使它在心中生根，這種方法是在事先做好預防的準備工作！而這三種人所分別採取的三種方法，要以第三種從心上原本清明的時候就先做防範的功夫，來得最徹底，最直接，相反地，等到忿恨與貪慾已經在意念中或行爲上產生的時候，才想到去制止它，那時不管多麼努力，仍然是不能完全掃除乾淨的！

14. 鄉黨自好與賢者所爲，分明是兩條路徑。賢者自信本心，是是非非，一毫不從人轉換；鄉黨自好，卽鄉愿𠫤丏也，不能自信，未免以毀譽爲是非，始有違心之行，徇俗之情。善觀人者，不在事功名義格套上，惟於心術微處，密窺而得之！

【譯述】一般世俗之人，往往由於習性相同、臭味相投，結合在一起，互相吹捧對方，形成一個小集團，這種行為和賢德有能的君子比較起來，真是截然不同，天差地別！賢能的君子，對自身內心的智慧與定力充滿了信心，各種事物善惡對錯的價值標準，自己都能分析判斷，可以完全不受世俗觀點的影響！而喜歡搞些小集團的鄉愿，往往表面上看起來忠厚老實，而實際上心地不良，自己又沒有主見，總是拿現實裡面一般人的看法做爲自身的看法，於是經常做出一些違背良心的事，或者模仿流俗的舉動！所以真正了解人性的人，他看一個人有沒有出息，不是從他在現實中有沒有功名富貴這個角度去看，而是從他在待人處事的時候，隱涵在他內心裡面對事物、對人性的基本心態上去做判斷！

15. 問：「知行合一？」曰：「天下只有個知，不行不足謂之知。知行有本體、有工夫；如眼見得是知，然已是見了，卽是行；耳聞得是知，然已是聞了，卽是行。要之，只此一個知，已自盡了！孟子說：『無不知愛其親，及其長，無不知敬其兄。』止曰『知』而已，『知』便『能』了！更不消說能愛能敬，本體原是合一，先師因後儒分爲兩事，不得已說個合一，知非見解之謂，行非履踏之謂，只從一念上取證，知之真切篤實卽是行，行之明覺精察卽是知，知行兩字，皆指功夫而言，亦原是合一的，非故爲立說以強人之信也！」

【譯述】 有人問道：「什麼是知行合一？」先生答道：「世界上本來只有一個知，所謂有人知道該做而做不到，那就不能算他是真的知道！知與行有它道理的一部份，也有它實踐的一部份，比方說眼睛能夠看得見種種事物，這種能夠看得見的能力就是一種『知』，然而既然已經看了，所以它同時也就是『行』了；耳朵能夠聽得見種種聲音，這種能夠聽得見的能力，也就是一種『知』，然而既然已經聽了，所以它同時也就是『行』了！所以無論如何，只說一個『知』，只要是『真的知』了，那就一切都包括在內了。就好像孟子所說的道理一樣：『孩童時代，人人都自然知道愛他的雙親，長大一些之後，又都知道尊敬他的兄長。』孟子只說『知道』，可是『知道』裡面就已經包含其他行爲在內了，不必再說『能夠』愛、『能夠』敬，因爲知行在根本上原本是合一的！先師只因爲後世學者硬是要把知行看成兩件事，於是不得已說一個『合一』，其實『知』不只是對事物的見解，『行』不只是親身去實踐，全要從我們內心上真實的領悟去看，知道一種道理，到了真切信仰的地步，就一定會化信心爲力量而產生實際行動；實踐一種信念，到了徹底完美的地步，可以表示對真理有了真正的了解！知與行這兩個字指的都是修養的功夫，它們本來就是一體的兩面，並不是先師爲了勉強別人相信他的學說，而故意編出來的一套理論！」

16. 昔有人論學，謂須希天，一士人從旁謂曰：「諸公未須高論，且須希士，今以市井之心，妄意希天，何異凡夫自稱國王，幾於無恥矣！願且希士，而後希天可馴至也！」一座聞之惕然。

【譯述】 前幾天有幾個人聚在一起討論學問，認爲求學要取法蒼天那樣高明廣大，無所不包、無所不容的自然精神！這時旁邊有位讀書人說道：「各位先生在此，用不著高談空洞的理想，只要能在日常生活中，做個正人君子，就已經相當不錯了！如今連個正人君子都不是，卻狂妄地以一些俗人的狹小心態，來奢求聖賢的境地，這就和凡夫稱自己是國王一樣，不但令人好笑，更顯出自身的愚昧無知！但願各位能先求做到正人君子的地步，然後再去追求聖賢的境地吧！」在場的人聽了之後，都心中慚愧，深自反省。

17. 諸儒所得，不無淺深，初學不可輕議，且從他得力處，效法修習，以求其所未至。若大言無忌，恣口指摘，若執權衡以較輕重，不惟長傲，亦且損德。

【譯述】各位前輩學者的成就，難免有些深淺差別，初學的人不可以隨便批評，最好是暫且採取他們的長處，學習效法，慢慢地或許可以達到先賢所達不到的地步！如果一開始就大言不慚，毫無顧忌地任意批評，就好像拿著秤桿量物品的輕重一樣，那麼不僅助長一個人的驕傲心，並且更損害自己的品德與修養！

18. 弘正間，京師倡爲詞章之學，李何擅其宗，先師更相倡和，旣而棄去。社中人相與惜之，先師笑曰：「使學如韓柳，不過爲文人，辭如李杜，不過爲詩人，果有志於心性之學，以顏閔爲期，非第一等德業乎?!就論立言，亦須一一從圓明竅中流出，蓋天蓋地，始是大丈夫所爲，傍人門戶，比量揣擬，皆小技也。」

【譯述】明代孝宗至武宗在位期間，京城裡的文人們彼此之間吟詩作詞的風氣非常流行，其中以李夢陽與何景明兩人最出名，居於領導人的地位。先師起初也跟他們在一起互相唱和，可是不久之後就放棄這種以詩文來應酬的聚會，不再去了。於是詩友們都感到非常可惜，因爲先師的詩詞文章都是相當不錯的！可是先師知道這種情形之後，反而笑著說道：「就算我的文章有一天能和唐代大文學家韓愈、柳宗元他們一樣，那也不過是個文人而已！詩詞寫得和李白、杜甫這樣的大詩人一般，那也只不過是位詩人罷了！果真我們有志於追求徹底解決生命的學問，而以孔子的學生中，德行最高尚的兩位——顏回和閔子謙爲榜樣，那才是真正第一等的道德事業呢！就算是說論一個人的思想談吐，那也必須是從生命內在經過真實過程的鍛鍊之後，所流出來的智慧語言，能夠真正通透人心，發人深省，那才是大丈夫所當爲的！否則只是模仿他人，不過是一點雕蟲小技罷了！」

19.陽和謂予曰：「學者談空說妙，無當於日用，不要於典常，是之爲詭！口周孔而行商賈，是之爲僞！懲詭與僞之過，獨學自信，冥行無聞，是之爲蔽！行比一鄉，智效一官，自以爲躬行，是之爲畫！」

【譯述】陽和有一天對我說道：「讀書人整天談論一些玄妙高深的大道理，可是日常生活上却全用不上、做不到，不能做社會的模範，這種情形稱做詭辯！嘴上說的都是周公、孔子這些聖人的理論，而實際行爲却是一般世俗生意人的斤斤計較，這叫做虛僞！雖然不犯上面兩種毛病，可是一個人自修，沒有師友的切磋指引，見聞不廣博，盲目地去做，却自以爲是，這叫做蔽塞！品行稱聞於家鄉，智能擅長於一技，却自以爲滿足，這叫做劃地自限，不求進取！」

20. 吾人立於天地之間，須令我去處人，不可望人處我！

【譯述】我們生活在社會中，應該我們主動的先去了解別人，關懷別人，不可以只是要求人家來了解我、關懷我！

泰州學案

王艮

王艮字汝止，江蘇泰縣人（本學案因此得名），學者稱他心齋先生。七歲入私塾讀書，後因家貧而不能讀畢業。於是跟父親到山東去經商，身邊常帶着孝經、論語、大學這幾本書，放在衣袖裏面，遇到有學問的人就拿出來請教討論，久了之後，能夠隨口記誦解釋。有一天，他的父親寒天起床，用冷水洗臉，先生見了非常難過，痛哭道：「做兒子的人，讓父親這樣寒天受凍，還能算是人嗎？」於是以後父親有什麼事要做，都儘量代勞，減輕父親的辛勞。

先生雖然不能專心讀書，可是平常一有空就加以利用，一個人默默地研究，以經書上所記載的道理與自己心中所領悟到的觀念，互相印證，如此過了幾年，漸漸能夠真正知道他學行深淺的人，已經不多見了。有一天晚上做了一個夢，夢到天塌了下來，千萬人奔走着呼號求救，先生用手將天推起，只見日月星辰都離開了原來的軌道，於是先生把它們一一歸還到原來的位置上去！醒來之後，全身都被汗水濕透了，從此一切行爲或言語都處在一種精神清明的狀態下。又按照禮記上的記載，自己製作了一套古代人的衣冠袍帶穿在身上，並且說道：「平常我們學習堯舜的聖賢道理，說話是學堯舜、行爲是學堯舜，那麼衣冠又怎能不學堯舜呢？」

此時王陽明巡撫江西，提倡「致良知」的學理，長江以南學者們幾乎沒有不討論學習的，然而先生處在江北偏僻的家鄉，却沒有聽過陽明的學說。有一天有一位名叫黃文剛的先生來到泰縣，與先生認識之後一起談論學問，聽了之後非常驚訝，說道：「您的觀點和王陽明先生的理論非常相近啊！」先生高與地說道：「這太好了，王先生談良知與我的學問如果相同，那麼是上天爲了天下後世的蒼生而生了一位王先生；如果不相同，那一定是上天爲了讓我有一位明師而生了王先生！」於是立刻出發前往江西拜訪陽明，並且穿著他自製的古服求見，到了陽明家門前，只肯走到中庭就不再進了，拱手舉着拜帖站着，等到陽明得到通報，親自出來迎接，這才肯進到堂屋裏面，陽明請先生坐上座，先生也就不客氣地坐了。談論了很久，先生漸漸對陽明的學問、風度、智慧都有點佩服了，於是不好意思地把座位移到旁邊去，不敢再居於上座。又談了許久告一個段落之後，先生嘆道：「如此通透的智慧，還真是第一次見識到，我實在自嘆不如啊！」於是向陽明下拜，自稱弟子。可是當天晚上，先生將白天與陽明所討論的觀點又重新反省了一遍，覺得有些地方不怎麼對勁，於是心中有點後悔隨隨便便就拜了陽明當老師，不禁自己說道：「我這回真是太輕易就下判斷了！」第二天又去見陽明，並且把昨晚的想法說了出來！陽明於是說道：「你能夠不隨便輕易相信一種學說，那非常好！」於是請先生仍然坐上座，再就學問互相討論辯難，久而久之，才真正心服口服，願意從此真正做陽明的弟子。陽明事後對他的門人說道：「過去我平宸濠之亂的時候，心中都能夠不被外界的種種驚濤駭浪所動搖，今天却被剛才那人給觸動了！」

先生在江西住了一段時間之後，有一天忽然感嘆道：「幾千年來聖賢的生命智慧，今天我的老師好不容易才重新把它宣示出來，怎能令天下有人聽不到恩師說法的呢?!」於是準備回到北方去宣揚陽明的學說，臨行向陽明打聽古代孔子周遊列國的時候，所乘的車子是什麼樣式？陽明聽了只是笑而不答。先生告辭回家之後，特別自己造了一輛古代帝王迎接賢士時所用的禮車，駕著上北京去，沿路招搖講說。將到北京時，有一位老者，夢見一條無頭黃龍，乘着風雨來到京城的崇文門外，變成一個人站在那裏！於是天一亮，就趕到城門外等候，正好這時先生駕車而至。此時京城中對陽明先生的學說及本人，誹ㄈㄟ謗的很多，而先生一方面在這個時候大事宣揚陽明的學說，一方面自己又奇裝異服的，於是更招來許多批評以及難看的眼光，被人視爲怪物。有不少陽明門下的同門在京城中，都勸先生回去算了，陽明本人也親自寫信來責備先生太招搖了，於是先生才決定回到老師那裏去。陽明因爲先生意氣太高，行事太奇，存心要好好抑制他一番，於是先生到了三天，陽明都不接見！正好第三天有客人來，陽明出來送客的時候，先生長跪在路邊，說道：「我現在知道是自己錯了！」陽明仍然不理，自管自地走了進去！先生跟隨在後面，到了庭院中，先生大聲說道：「孔子曾經說過，做人不要做得太絕了！」陽明聽了才回過頭來，將先生扶起！

陽明去世之後，先生返回家鄉，開門授徒，弟子遠近都有。陽明門人中，以王龍谿最有辯才，然而他的學說有人信有人不信；唯有先生能從眉目之間細微處稍微表示，就能叫人省覺。先生教人甚多，且受人愛戴。嘉靖十九年（西元一五四〇年）去世，享年五十八歲。

現在摘錄先生的著作於後：

【心齋語錄】

1. 愛人直到人亦愛，敬人直到人亦敬，信人直到人亦信，方是學無止法。

【譯述】我們愛人類同胞，一直要做到使別人亦能充滿仁心，關懷他人；敬重別人，一直要做到使別人亦能充滿仁心，敬重他人；信任他人，一直要做到使別人亦能充滿仁心，信任他人，這樣才算是追求到底的人！

2.有以伊傅稱先生者，先生曰：「伊傅ㄈㄨˋ之事我不能，伊傅之學我不由。」曰：「何謂也？」曰：「伊傅得君。設其不遇，則終身獨善而已，孔子則不然也！」

【譯述】有人稱先生的學識德行可以比美於商朝的兩位賢相伊尹和傅說ㄩㄝˋ，先生說道：「他們所做的事業我不能做，他們的學問我也不想學。」某人問道：「那是為了什麼呢？」先生答道：「他們兩位得遇英明的領袖，所以才能將他們的能力儘情地發揮出來，相反地，如果他們沒有遇到明君信賴重用他們的話，他們將只能夠一輩子自我鍛鍊、自我修養，卻不能將他們的能力貢獻給社會了！然而孔子卻不這樣，孔子雖然生於亂世，不能遇到一位瞭解他、信任他的君主，可是他卻能周遊各國，傳道講學，將他的思想廣為傳播給當代及後世的人，影響既深且遠！我們要學也要學孔子！」

3. 孔子雖天生聖人，亦必學詩、學禮、學易，逐段研磨，乃得明徹之至！

【譯述】孔子雖然天生聰明絕頂，可是也必須按部就班地學詩、學禮、學易，通過整個廣泛的文化領域的研究之後，才能得到通透明徹的智慧！

4. 一友持功太嚴，先生覺之曰：「是學爲子累矣！」因指伐木者示之，曰：「彼却不曾用功，然亦何嘗廢事！」

【譯述】一位同學太用功了，先生提醒他道：「像你這樣用功過度，未免使得好好一件讀書求學有意思的事情，變成一件苦差事，成爲自己的負擔，實在太划不來了。」因而指點他觀看伐木的樵夫，並說道：「像他並沒有刻意去用功，可是只要他盡了他的工作本份，也自然不會耽誤了正事！」

5. 天理者，天然自有之理也，才欲安排如何，便是人欲！

【譯述】所謂「天理」，就是天然自有的道理，人就是應該照著這天然自有的道理去生活，只要心中再想要多加一點兒「人」自己的意見在裏面，就是私慾了！

6.百姓日用條理處，卽是聖人之條理處，聖人知，便不失；百姓不知，便易失！

【譯述】一般人日常生活中所用到的各種道理，也就是聖人日常所用的道理，道理本身並沒有什麼兩樣！只是聖人能夠自覺反省到這些道理，所以便能夠把它們在日常生活中充分地發揮應用出來；一般人因爲不能自覺反省，所以便容易忽略了這些道理，做起事來就難免容易犯錯了！

7.有心於輕功名富貴者，其流弊至於無父無君；有心於重功名富貴者，其流弊至於弒父與君！

【譯述】心中輕視功名富貴的人，輕視得太過分的時候，往往會忘了家庭與社會的責任；心中看重功名富貴的人，看重得太過分的時候，往往會不擇手段，可能不昔利令智昏，犧牲國家社會的利益，來滿足個人的慾望。

8.卽事是學，卽事是道，人有困於貧而凍餒ㄢㄟ其身者，則亦失其本而非學也！

【譯述】 學問並不僅只限於書本上的道理，因爲書上的道理也是作者經過他自身的經驗、情感、思考、分析、體會、歸納各種過程之後而凝聚出來的一種生命的智慧，所以我們只能把這些道理當做我們生命追求過程中的一種參考，而最主要的還是要自身也有作者同樣的過程，自己去體驗，自己去通過，這樣實際走了一遭，才會使我們從書本上看來的道理，有了一層眞實的保障！所以，一個讀書人，儘管他能說一大堆書本上記載有的道理，可是在日常生活中，却耽心生活沒有保障，或者生活過得不舒適、不富裕，那也只能算是一種失去根本，不能眞正追求學問的人！

9. 學者問放心難求，先生呼之卽應。先生曰：「爾心見在，更何求乎?!」學者初見，先生嘗指之曰：「爾此時何等戒懼，私慾從何處入！常常如此，便是允執厥ㄐㄩㄝ中。」

【譯述】 有人問先生：「心總是不定，想往外跑，靜不下來，不能專一，該怎麼辦？」先生立刻喚了一聲他的名字，那人聽了也就本能地回答了一聲，於是先生反問他道：「你的心明明在這裏，還用得着刻意去求嗎?!」又有人初次來拜見先生求教的，先生往往指點他道：「你看你現在頭一次來見我的時候，心中是多麼虔誠，沒有一點私慾的念頭，能夠經常如此，就是執守中道！」

10.有疑「出必爲帝者師，處必爲天下萬世師」者。曰：「禮不云乎：『學也者，學爲人師也。』學不足以爲人師，皆苟道也。故必以修身爲本，然後師道立。身在一家，必修身立本以爲一家之法，是爲一家之師矣；身在一國，必修身立本以爲一國之法，是爲一國之師矣；身在天下，必修身立本以爲天下之法，是爲天下之師矣！是故出不爲帝者師，是漫然苟出，反累其身，則失其本矣。處不爲天下萬世師，是獨善其身，而不講明此學於天下，則遺其末矣！皆非也，皆小成也。」

【譯述】有人懷疑：「讀書人得志爲官的時候，就應該做帝王的老師；不得志的時候就應該講學著述，將學問智慧留傳到後世，爲萬世師表。」這種觀念不知到底對不對。先生回答道：「禮記上記載着：『所謂求學，就是要學到足以爲人師表的地步！』求學的人，功力不足以爲人師表，一定平日讀書的時候，用功不勤，荒廢苟且去了。因此求學的人，必定要以修身爲本，這樣所以能夠爲人師表的根本學識與品德才能奠立起來。學識與品德都有了基礎之後，處在家庭中，可以讓家人都效法學習，因此是一個家庭的老師；處在國家或朝廷上，就可以讓全體國人都效法學習，因此是全體國人的老師；又自身處於整個世界之中，於是也可以讓天下世人都效法學習，因此又是天下世人共同的老師了！因此讀書人一定自身先要有了真實不拔的基礎，然後得志爲帝王師，影響一人而改變世界！如果做不到這一點，卻輕易出來爲官，那是做人太隨便而缺少自知之明，有時反而會害了自己，失去了求學的本意。相反地，有了充分的智慧，不出來做官爲帝王師，卻又不講學傳道，教育後進，那頂多是一個隱世自愛的人罷了，也枉費了自己一身的學識與智慧。這兩種態度都不正確，都只是一種小成就而已！」

11.夫仁者愛人，信者信人，此合內外之道也。於此觀之，不愛人，己不仁可知矣；不信人，己不信可知矣。夫愛人者人恒愛之，信人者，人恒信之，此感應之道也。於此觀之，人不愛我，非特人之不仁，己之不仁可知矣；人不信我，非特人之不信，己之不信可知矣！

【譯述】仁愛爲懷的人一定能善待別人，自己講信義的人一定能信得過別人，這是自身內心中有什麼，表現出來，對待外界的人或事物時，也就是什麼的道理。由這點看起來，如果我們不能善待我們的同類，那一定是自己心中缺少了仁愛；當我們不能信賴別人的時候，一定是自己也有不講信義的時候。另外，真能善待別人，別人也一定會同樣善待我們，真能信得過別人，別人也會同樣信得過我們，這是人類彼此有共通的情感，都能感受到對方的善意與尊重的原故！所以由此看來，別人沒有善待我們，不一定是對方不仁，但至少我們自身已經先沒有以仁愛的心去善待別人了；別人不能信賴我們，不一定是人家不講信義，但至少我們自身一定先有讓人家信不過的地方了。

12. 先生問在座曰：「天下之學無窮，惟何學可以時習之？」江西涂ㄊㄨ從國對曰：「惟天命之性可以時習也。」童子周浤對曰：「天下之學雖無窮，皆可以時習也。」先生曰：「如以讀書爲學，有時作文，有時學武；如以事親爲學，有時又事君；如以有事爲學，有時又無事。烏在可以時習乎?!」童子曰：「天命之性，卽天德良知也，如讀書時，也依此良知學，作文時，也依此良知學，事親事君，有事無事，無不依此良知學，乃所謂皆可時習也。」

先生喟然歎曰：「信乎者從國也，始可與言專一矣；啓予者童子也，始可與言一貫矣。」

【譯述】有一天，先生問在座的弟子道：「天下各種學問無窮無盡，到底那一種學問才是與整個生命息息相關，不可片刻放鬆的呢？」這時有一位江西同學涂從國答道：「上天所賦予的良知本性，可以在平常生活中時常實踐體會。」又有一位少年名叫周瀣的答道：「天下各種學問雖然很多，然而都可以下功夫隨時追求、隨時注意的。」先生於是故意問周瀣道：「如果我們把讀書稱做求學，那麼有些時候是作文，有些時候在學武；如果認爲事奉雙親是一種學問，可是有時候又必須爲國效忠，往往忠孝不得兩全；如果說只要有事都是學問，可是偏偏有些時候什麼事都沒有，這樣功夫還是有了間斷！怎麼能說都可以下功夫、隨時追求、隨時注意呢？」周瀣答道：「所謂自然之性，落在人心中就是良知，比方讀書的時候，也是爲了將這個良知充分發揮；作文的時候，也是要這個良知充分作用；另外不論是事奉雙親還是事奉君王、有事還是沒事，都是依着這個良知去做，所以說都可以下功夫，隨時學習。」先生於是感歎道：「從國已經有深信不疑的決心，從此可以與他談生命中究極理想的事了；周汝深具啓發性，從此可以與他談人類一切思考與創造中的共同本質了。」

13.先生擬上世廟書數千言，僉く一ㄢ言孝悌也。江陵閱其遺稿，謂人曰：「世多稱王心齋，此書數千言，單言孝悌，何迂濶也！」羅近溪曰：「嘻，孝悌可謂迂濶乎！」

【譯述】先生曾經寫了一篇好幾千字的文章，是在祭祀明太祖的祭典上要用的，內容全部是談孝悌的道理。先生去世後，宰相張居正看到先生這篇遺稿，讀完了之後對人說道：「社會上大家都稱讚王心齋，說他學問有多麼了不起，可是這篇文章好幾千字，却全部都在談孝悌的道理，真是何等迂腐不切實際啊！」有一位學者羅近溪先生聽到了說道：「嘿！嘿！推崇孝悌人倫，可以說是迂腐嗎！」

附錄

一、樵夫朱恕

朱恕字信光，與先生同鄉，家有老母，平日靠砍柴爲生。有一天上山去砍柴，從先生講堂的窗前經過，高聲唱道：「離山十里，薪（木柴）在家裏；離山一里，薪在山裏！」先生聽了之後，對正在聽講的門人弟子說道：「大家都聽仔細了吧！人生的智慧，祇怕不去追求，只要肯下工夫，就會發現並不像想像中那麼困難，相反地，如果始終不踏出第一步，那麼再容易的事也變得困難了！」樵夫在窗外旁聽了一會兒先生的講學，覺得津津有味，從此每次上山砍好柴以後，一定要到先生窗前聽上一陣子，餓了就向人討點開水配着自備的飯團充飢，也不以爲苦！聽完畢之後，就背着木柴高歌而去！

同學們看他這種情形，都覺得是一件難得一見的奇事。有一次，一位姓宗的學者等他聽完要離開的時候，特地喚住他，對他說道：「我這裏有一些銀兩，現在可以給你拿去另外找個輕鬆一點的工作，一方面可以不必再這樣辛苦地天天上山砍柴，一方面也比較有閒暇與我們在一起讀書講學，你看好不好？」樵夫接過銀兩，低頭想了一想，然後突然抬起頭來怒道：「你這樣做並不是愛我而是害我！今天如果我糊裡糊塗拿了你的錢，一旦心中有了希求現實生活過得好一點的慾望，不免要斷送我一生追求理想的前途了！」於是將錢塞還給對方，掉頭而去。

二、陶匠韓貞

韓貞字以中，號樂吾，江蘇興化人，以做陶瓦爲業。起初因爲欽佩朱恕，時常跟他在一起，後來才轉跟心齋先生的二兒子王襞ㄅㄧˋ求學。韓貞學問不高，只大略認得一些字。茅屋三間就是他的家，後來因爲家中實在太窮，生活難以爲繼，又欠了別人的債，於是將這三間茅屋抵給了債主，自己搬到一處窰ㄧㄠ洞中去住，可是生活雖然這樣困苦，他的心情却始終很開朗，還爲了這件事自己編了兩句歌詞唱道：「三間茅屋歸新主，一片煙霞是故人！」

三十多歲還沒有娶妻，後來由於同門師兄弟相助，才結了婚。在師門待了一段日子之後，自覺有不少真實心得了，決心要以自身所學，來改善地方上的風俗，於是在平日工作之餘，遇到有適當的機會，就隨時指點一下鄉人，漸漸風氣傳了開來，地方上農工商賈前來求教論道的有一千多人。於是在每年秋收完畢農閒的時候，就聚集同志講學，一個村莊講完了，又到另一個村莊，前歌後答，琴聲誦讀聲，交織成一片祥和的氣氛。當地縣官知道這件事後，非常嘉許，派人送了兩石米和一筆錢到他家，韓貞將米收下，却把錢給退了回去，縣官問他爲什麼原因？他回答道：「我是一個鄉野粗鄙的陶匠，不能幫助您在政事上分憂，所幸和我交遊來往的人，都能夠規規矩矩，不曾鬧過任何事，麻煩到官府，這就是我對您的報答了！」

每遇講會中有人談論新聞時事的，韓貞就大聲說道：「一個人一生光陰能有多少！還能在此閒談嗎?!」或者有人偏重在文章的字句上，求歷代學者對每個句子的注解，他也大怒道：「捨棄自身內心當下良知不去體會，却在這裏搬弄別人的陳腔爛調，難道這裏只是教書匠的講堂嗎?!」在座的學者，往往都能因而警醒！

羅汝芳

羅汝芳字惟德，號近溪，江西南城人。年輕時讀薛敬軒語錄，認爲萬起萬滅的私念，長久以來縈繞在胸中，擾亂自己的心志，如今應當將它掃除淨盡，以呈顯出光明的本性！決心下定了之後，就到一座叫做臨田寺的廟中隱居起來，早晚勤修苦鍊。先生修行的方法是在茶几上放一隻盤子，裝滿了清水，等它澄靜下來就像一面鏡子的時候，對著它靜坐，目的是要讓意念紛擾不定的心境，變得像水鏡一樣平靜清澈，這樣鍛鍊了一陣子時日，不但未見有多大功效，並且心火更加旺盛，弄到後來反而生出病來了！有一天，先生出遊，見路旁有一塊木牌上寫著「專救心火」，先生以爲是名醫，連忙按址拜訪，到了那裏一看，原來並不是醫生，而是聚衆講學的一處場所！先生也就既來之，則安之，雜在人羣中聽聽看，聽了好一會，高興地說道：「這倒是真能救我心火煎熬的人啊！」等散了會之後，先生上前拜問主講人，原來這位先生的名字叫做顏鈞，字山農，江西吉安人，是王心齋的門人。先生於是與他談了起來，並且自述對生死得失都能不再動心了！顏鈞答道：「你這種情形，只是勉強制住自身的慾望，而並沒有真正體會到本心！」先生問道：「我克制自己的私慾，才有可能回返到原有的天理，不制慾又怎能夠體會本心呢？」顏鈞回答道：「你難道忘記孟子談人性中仁義禮智發端的理論了嗎？惻隱之心是仁的發端、羞惡之心是義的發端、辭讓之心是禮的發端、是非之心是智的發端，這幾種基本的人性，都是從本心中發出來的，每個人都有，同時每個人都能體會到，你只要隨時將它擴充發揮出來，就像烈火剛開始點燃，泉水剛開始噴出，正是源源不絕！像這樣體會本心，擴充本心，不是直接了當嗎！所以你只須要擔心平常不能將本心的良知充分發揮出來，卻不用害怕它有用完的一天！」這時候先生恍然大悟，就像大夢初醒一般。第二天天一亮，就前往拜顏鈞師，自稱弟子！

後來顏鈞因事在京城中被關了起來，一共關了六年，先生也就一直在獄中陪伴事奉著老師，並且中了進士之後，皇帝的親自口試都沒有去參加！最後也是靠著先生變賣家中的田產，想盡辦法，才把老師給救了出來。後來先生因得罪宰相張居正，被勒令退休，回家鄉去種田。此時先生年歲已高，但是只要是老師來拜訪，先生一定隨侍左右，一步不離，一杯茶、一道水果那要自己親手奉上，先生的兒孫輩，怕先生太辛苦了，想要代先生做，先生說道：「我的老師不能讓你們這些小子來侍候，一定要我親自才行！」

先生自從歸隱之後，常與門人往來於江南一帶，盡心講學，每到一處，弟子都塞滿了講堂，然而先生卻不以老師的地位自居！有人認爲王龍谿寫文章比講演來得精彩，而先生是講學比寫起文章來要更能引人入勝！不論是長篇大論、仔細分析、還是用幾句精粹的話語點明一種觀念，都能令人像處於春風中一樣地舒暢，又像春雷輒動，發人深省。即使是從來不曾接觸過學問的人，也能很快讓他覺省到自身心地中光明的本性，明白人生大道就在眼前！完全沒有當時一般學者膚淺老套的習氣，使人當下就有受用！

早先，先生學問尚未有成時，有一次到北方去，半路上忽然生了重病，休養了許多時候，才稍見起色！一天早上正倚著牀靠著，恍惚中有一老翁來訪，問道：「您的病體稍見康復，不知心病怎樣了?!」先生默不作答。老翁又說道：「您自出生以來，遇有厭煩的時候，總是不會動氣；疲倦的時候，還是強打著精神；遇到有人吵鬧干擾的情況也不會分心，睡夢中的情景也都能記得住！這些都是您心中的痼疾，現在依然存在，怎麼不趕快想辦法把它治好呢？」先生聽了吃了一驚，回答道：「這些都是我拼命努力才有的心得，怎麼說它是病呢？」老翁說道：「一個人的身心，是從自然中稟受而來的，隨著事物的變遷，遇到什麼就依著心中的天理良知去應對，原沒有什麼好事先計劃安排的！您一生雖然勤奮努力，可是個性太強，心中念念不忘要強人一等，於是拼命強求，結果養成了心中的鬱結。您如今還自以爲沒病，高興得很！却不知天生自然本性已經漸漸要喪失乾淨了！豈僅是心中有病，我看身體也都要保不住了吧！」先生聽了驚坐而起，伏地叩謝，汗如雨下！從此心中的固執念頭才漸漸消除，血脈才開始通暢。隨卽進京參加還未通過的口試去了。

明神宗萬曆十六年（西元一五八八年）八月，先生身體微有不適，依然與門人弟子講學不倦。九月初，先生出堂上端坐，命孫兒們依次進酒，每人喝一小口之後，先生拱手向弟子告別道：「我要去了！」門人弟子皆懇求再多盤桓一日，先生點頭許可，第二天中午乃去世。享年七十四歲。

現摘錄先生著作於後：

【近溪語錄】

1\. 問：「今時談學，皆有個宗旨，而先生獨無。自我細細看來，則似無而有，似有而無也！」羅子曰：「如何似無而有？」曰：「先生隨言對答，多歸之赤子之心。」曰：「如何似有而無？」曰：「才說赤子之心，便說不慮不學，却不是似有而無，茫然莫可措手耶?!」曰：「吾子亦善於形容矣，其實不然，我今問子初生亦是赤子否？」曰：「然！」曰：「初生既是赤子，難說今日此身不是赤子長成！此時我問子答，是知能之良否？」曰：「然！」曰：「卽此問答，用學慮否？」曰：「不用！」曰：「如此則宗旨確有矣！」曰：「若只是我問你答，隨口應聲，個個皆然，時時如是，雖至白首，終同凡夫，安望有道可得耶？」曰：「其端只在能自信從，其機則始於善自覺悟，虞廷道：『原說其心惟微，而所示工夫，却要惟精惟一。』有精妙的工夫，方入得微妙的心體。」曰：「赤子之心，如何用工？」曰：「心爲身主，身爲神舍，身心二端，原樂於會合，苦於支離，故赤子孩提，欣欣長是歡笑，蓋其時身心猶相凝聚；及少少長成，心思雜亂，便愁苦難當，世人於此，隨俗習非，往往馳求外物，以圖安樂，不思外求愈多，中懷愈苦，老死不肯回頭。惟是有根器的人，自然會尋轉路，曉夜皇皇，或聽好人半句言語，或見古先一段訓詞，憬然有個悟處，方信大道只在此身，此身渾是赤子，赤子渾解知能，知能本非學慮；至是精神自來體貼，方寸頓覺虛明，天心道脈，信爲潔淨精微也已。」曰：「此後却又如何用工？」曰：「吾子只患不到此處，莫患此後工夫；請看慈母之字嬰兒，調停斟酌，不知其然而然矣！」

【譯述】有位學生問先生道：「現在社會上一般學者講學的時候，都有他們各人獨特的宗旨，讓前來求學的人容易把握住重點，然而您却沒有！不過我後來經過仔細觀察，發現您的講學宗旨看起來沒有，其實是有的；另外當看起來有的時候，實際上又沒有了。」先生問道：「什麼叫做看起來沒有，而實際上有呢？」這位同學回答道：「同學們向您請敎的時候，您多半就問題隨口回答了，這樣看起來似乎沒有一個固定的宗旨，可是每個問題回答到最後的時候，您經常都把結論歸結到『定要將自身鍛鍊到像兒童那樣純樸而又天真的地步』！這不是實際上有了嗎?!」先生又問道：「就算是這樣吧！那麼什麼叫做看起來有，而實際上又沒有呢？」學生答道：「您每次才說到應該像兒童的赤子之心那樣天真純樸的時候，總是接著提醒我們，這種天真純樸不靠思慮，不用學習，要順其自然！這樣一來不是似乎有宗旨，而實際上又沒有了嗎?!所以常使我們給弄得糊裡糊塗而沒有著手的地方！」先生聽完了之後說道：「真難爲你了！你的觀察與形容雖然都非常仔細，可是却並不正確。現在讓我問你,你剛生下來的時候，是不是一派天真自然呢?」學生答道：「是啊！」先生又問道：「既然初生下來是純樸天真的赤子，那麼總不能說今天的我不是由過去的赤子長大成人的吧！並且現在當我問你的時候，你都是憑著天生的本能在做回答?!」學生答道：「是的，我們的確都是由純真的兒童開始長大成人的，並且我是憑著天生的本能在回答您的問題。」先生於是再問道：「那麼這些問答是不用思慮、不用學習的嘍！」學生答道：「是的！的確是用不著再經過思慮與學習，就自然能夠明白，自然能夠回答了」！先生於是說道：「這樣說來，我的講學既有歸結，又果然不用思慮、不靠學習，那麼的確是有一個宗旨的了！」學生答道：「可是如果只是我問你答，隨口應對，那麼任何人都會，並且經常如此，沒有差別，就算活一輩子也是一個凡夫，又怎能希望有得道的一天呢?」先生回答道：「這其中的關鍵在於一開始能夠自己有信心；其次要能對自身內在的心性有所覺悟！虞廷曾經說過：『古書上形容人的心性是極微妙而又細膩，但是所指點的修養工夫却要人能專一徹底！』所以必須有徹底的工夫，才能體會得微妙的心性！」學生又問：「那麼像孩童一般純真的心性要如何下工夫培養呢?」先生答道：「心性是人身的主宰，身體是靈魂寄居的所在；身心兩者，原本樂於合爲一體，如果一旦分離開來，將令人痛苦萬分！所以人在小孩子的時候，生命活潑自然，常是歡笑的多！原因是那時身心兩者正是合而爲一的！等到漸漸長大以後，心思開始雜亂起來，等到不再像小時候那樣天真純樸的時候，便感覺愁苦難當了！然而世人面臨到這種由孩童即將長大成人的重要關頭，也就是世故漸深而天真漸失的時候，時常隨著世俗而踏出了錯誤的第一步！往往以追逐現實中的名利富貴，來填補失去了自然純真以後，內心的空虛！却不能明白向外在現實追逐得越深，心中痛苦與空虛的壓力也就越大！臨到老死仍不能覺悟回頭！相反地，惟有天生智慧豐富、領悟力高的人，才自然會想要尋找解脫的道路，晝思夜想，有些是聽了學者的指點，有的是從古書上某些道理中得到啓發，先有了一個開始，才信得過人生大道不離自身心性，自身心性全然是一片純真，全然純真的心性自然能知天理、行正道，並且不用思慮、不靠學習，到此地步，精神自然能夠專注，胸襟自然能夠光明！」學生聽完這一段話之後，接著問道：「那到此地步以後，又要如何呢？」先生再回答道：「你只須擔心自己達不到這種程度，用不著擔心到了這種程度之後再該怎麼走！你只看慈母照顧嬰兒就是一個好例子，她照顧嬰兒無微不至，可是却只是這樣做，不問爲什麼！」

2.問：「吾人在世，不免身家爲累，所以難於爲學。」曰：「却倒說了。不知吾人只因以學爲難，所以累於身家爾！人世必有順逆，然獨不可化逆而爲順耶？此非不近人情，有所勉強於其間也！吾人只能專力於學，則精神自然出拔，物累自然輕渺，莫說些小得失、憂喜毀譽，即生死臨前，且曳杖逍遙也！」

【譯述】有人說道：「我們人活在世界上，難免會受到生活與家庭的牽累，所以不容易安心地做學問。」先生答道：「這種說法，恰好是倒果爲因。不知道，正是因爲我們以爲求學很困難，而不肯真的用心去學，所以才會使自己的身心受到現實中生活與家庭的牽累！人處在世界上，遭遇自然有順利也有挫折，然而難道我們就不能努力將挫折化爲順利嗎！這並不是不近人情，故意勉強人的意思。我們唯一可做的，只有專心於求學上，因爲現實中的遭遇，究竟順與不順，我們往往是沒有辦法事先加以決定的，而要不要學，却是人可以自己做決定的！並且唯有真正專注在追求理想，勤奮學習的時候，精神才能從現實的牽累中超拔出來，不受束縛，不要說是一些小小的得失或者喜怒毀譽的事，就算面臨生死關頭，也可以像孔子臨終時，還扶著拐杖在門前悠然地散著步，那樣自然無慮！」

3. 問：「臨事輒至倉皇，心中更不得妥貼靜定，多因養之未至，故如是耳！」曰：「此養之不得其法使然！因先時預有個要靜定之主意，後面事來，多合他不著，以致相違相競，故臨時衝動不寧也！」

【譯述】有人問道：「每當遇到有事情發生的時候，就會手忙腳亂的亂了方寸，心中更是擔心這個，憂慮那個的，不得鎮靜，想來自己修養工夫還不到家，才會這樣的吧?!」先生答道：「這不僅是工夫不到家，而是修養的方法本身錯了的原故！因爲一開始心中就有一個要鎮靜從事的主意，於是刻意安排設想了許多情況，準備一旦有事情發生的時候，就用這些已經預備好的辦法去應付，那知道後來發生出來，全然出乎意料之外，一個辦法也派不上用場，於是心中自然驚慌失措，沒有了主意！」

4. 問：「善念多爲雜念所勝，又見人不如意，暴發不平事，已輒生悔恨，不知何以對治？」曰：「譬之天下路徑，不免石塊高低；天下河道，不免灘瀨縱橫。善推車者，輪轅迅飛，則塊磊不能為礙；善操舟者，篙槳方便，則灘瀨不能為阻。所云雜念忿怒，皆是說前日後日事也，工夫緊要，只論目前，今且說此時相對，中心念頭果是何如？」曰：「若論此時，則恭敬安和，只在專志受教，一毫雜念也不生！」曰：「吾子既已見得此時心體有如是好處，却果信得透徹否？」大衆忻然起曰：「據此時心體，的確可以為聖為賢而無難事也！」曰：「諸君目前各各奮躍，此正是車輪轉處，亦是槳勢快處，更愁有什麼崎嶇可以阻得你？有什麼灘瀨可以滯得你？奈何天下推車者，日數千百人，未聞以崎嶇而廻轍；行舟者日數千百人，未聞以灘瀨而停棹。而吾學聖學賢者，則車未曾推，而預愁崎嶇之阻；舟未曾發，而先懼灘瀨之橫。此豈路之阨於吾人哉！抑果吾人之自阨也？」

【譯述】 某些學生問道：「我心中的善念，常常受到各種雜念的干擾，又每見有人遭受委屈，就會打抱不平，心中就難免會動氣，並且事情過去之後，心中又會悔恨不已！不知該如何對症下藥才好?!」先生答道：「比方說，天下的道路，難免會有高低不平；天下的河川，難免會有沙洲、漩渦。但是真正會推車的人，輪子滾動得又快又穩，路上的大小石塊或深淺坑洞都不能阻礙他的通行；真正會操舟的人，木槳搖得乾淨利落，於是沙洲、漩渦都不能使他停留！你們所說的雜念和暴躁的脾氣，都是因爲只把心思放在已經過去或者還未到來的事情上，或是去追悔，或是去預測，却總不把心思放在當下眼前的事情上，於是實際工夫一點也用不上！現在我們先不談別的，各位自己靜下來仔細想一想，你們現在心中是些什麼念頭？」學生們答道：「如果只是說現在這一刻的話，倒真是恭敬安和，全心全意都在聽先生的敎誨，沒有一毫雜念！」先生於是又問道：「各位雖然已經體會到了心中有這種專一寧靜，不生一毫雜念的好處，但是真的能夠對它有足夠的信心嗎？」大家都站起來答道：「如果根據現在心中的專一與虔誠，的確可以有信心做到聖人的地步！」先生說道：「諸位現在心中意氣飛揚，信心十足，就正像我們前面所說的車輪正在飛快的轉動著，船槳正在飛快的划著，此時還怕有什麼崎嶇不平的道路或是水流衝激的急流阻礙你了嗎！天下推車、划船的人數何止千與百，却從來沒有聽說過因爲路不平，水流急就回頭的了！只有我們這些讀書學做聖賢的人，車子還沒有開動，就先擔心路不好走，船還沒有離岸，就先害怕漩渦橫阻！這究竟是路不好走阻擋了我們呢？還是我們自己限制了自己?!」

5. 問：「某用功致知力行，不見有個長進處。」曰：「子之致知，知個甚的；子之力行，行個甚的？」曰：「是要此理親切。」曰：「如何是理？」曰：「某平日說理，只事物之所當然便是。」曰：「汝要求此理親切，却捨了此時而言平日，便不親切！捨了此時問答而言事物，當然又不親切！」曰：「此時問答，如何是理之親切處？」曰：「汝把問答與理看作兩件，却求理於問答之外，故不親切！不曉我在言說之時，汝耳凝然聽著，汝心炯然想著，則汝之耳、汝之心，何等條理明白也！言未透徹，便默然不答，言才透徹，便隨衆欣然，如是則汝之心，汝之口，又何等條理明白也！」曰：「果是親切！」曰：「豈只道理爲親切哉！如此明辯到底，如此請敎不怠，又是致知力行而親切處矣！」

【譯述】某位學生問道：「我努力用功求知，並且身體力行，却始終沒有什麼進步，不知怎麼回事？」先生反問道：「你說求知，知的是些什麼？所謂力行？行的又是些什麼？」學生答道：「我的目的是希望道理與我的思想言行能夠合而爲一，這樣才有親切感！」先生問道：「道理是什麼？」學生答道：「我『平日』所謂道理，只不過『事情』之所以應該這樣做，或者應該那樣做的原因，也就是了！」先生說道：「你希望讓道理與自身有親切感，卻不談現在這一刻，反去說『平日』怎樣怎樣，這便不親切了！你又捨棄現在我與你正在進行的問答，不把它舉做例子，卻去說『事情』，當然更不親切了！」學生問道：「此時先生與我的問答，爲什麼就是道理與自己身心親切的地方呢？」先生答道：「你把我們現在的『問答』和『道理』看成是兩回事，而從這當下正在進行的事情以外去求道理，所以不親切！你不想想，我在這裡說的時候，你的耳朵正在凝神聽著，你的心正在注意想著，這時你的心與你的耳，不是條理分明得很嗎?!當我說的話你還不能透徹明白的時候，你就默默地坐著，不敢隨便表示什麼意見，一旦懂了之後，便又隨著同學們露出欣喜的神色，並且口中也就跟著發表你的意見了！這樣看來，你的心和你的口，不也是條理分明的嗎！」學生想了想說道：「的確不錯，這樣才是真的有親切感啊！」先生又說道：「豈只是對道理感到親切！像這樣有了疑問就明辯到底，不厭其煩的請敎先生，你還能另外對致知力行感到親切呢！」

6.問：「今若全放下，則與常人何異？」曰：「無以異也！」曰：「旣無以異，則何以謂之聖學也？」曰：「聖人者，常人而肯安心者也；常人者，聖人而不肯安心者也！故聖人卽是常人，以其自明，故常人而名爲聖人矣！常人本是聖人，因其自昧，故本聖人而卒爲常人矣！」

【譯述】 有位學生問道：「先生平日敎我們不要太刻意去追求什麼，可是如果對追求人生的大道也是持著這種態度，那不是和普通常人一樣了嗎？」先生答道：「是啊！本來就沒有什麼不同啊！」學生問道：「如果真的沒有不同，那麼怎能稱爲聖賢的學問呢？」先生答道：「所謂聖人，只不過是一般常人中，有能力對自身的心性加以徹底的反省與控制的人！而所謂常人，乃是聖人而不能控制自己內心慾求的人！所以聖人與常人就基本的人性上來說是沒有什麼不同的，只要能徹底實現良知本性，並自然做去，常人就是聖人了！常人本來具備有聖人的一切可能，只因物慾蒙蔽了自身的心性，所以才墮落爲一般常人罷了！」

7.問：「有人習靜，久之遂能前知者，爲不可及。」曰：「不及他不妨，只恐及了倒有妨也。」曰：「前知如何有妨？」曰：「正爲他有個明了，所以有妨！蓋有明之明，出於人力，而其明小；無明之明，出於天體，而其明大！譬之暗室張燈，自耀其光，而日麗山河，反未獲一覩也已！」

【譯述】某人說道：「聽說有人靜坐，久了之後能夠未卜先知，看來我是不及他的了！」先生答道：「及不上他倒不要緊，只怕及得上他這種本事，倒有妨害！」某人問道：「能夠未卜先知爲什麼有妨害呢？」先生答道：「正因爲他有了個『先見之明』，所以對於真正生命智慧的追求，反而有所妨礙！因爲這種『先見之明』只是一種小聰明！不及真正通透一切真理從生命中歷鍊出來的智慧來得更廣大、更深刻！就像在黑暗的屋子中點一盞燈，燈光只能夠一間屋子自已用，但是陽光照遍了山河大地，却很少被人重視！」

8. 一友臥病，先生問曰：「病中工夫何如？」曰：「甚難用工。」先生曰：「汝能似無病時，便是工夫！」

【譯述】一位朋友生病，先生去探病，同時問道：「你雖然在病中，可是每日修身的工夫做得如何了？」朋友答道：「生病的時候，意志力薄弱，精神不夠集中，很難用得上工夫！」先生回答道：「你能夠在生病的時候表現得跟沒病的時候一樣，不怨天尤人，這就是工夫了！」

9.余自始入仕途，今計年歲，將及五十，竊觀五十年來，議律例者則日密一日，制刑具者則日嚴一日，任稽察、施拷訊者則日猛一日，每當堂階之下，牢獄之間，觀其血肉之淋漓，未嘗不鼻酸額蹙爲之歎曰：「此非盡人之子與！非最昔依依於父母之懷，戀戀於兄妹之旁者乎？夫豈其皆善於初，而不皆善於今哉！及觀其當疾痛，而聲必呼父母；覓相依，而勢必先呼兄弟，則又信其善於初者，而未必皆不善於今也已！故今諦思吾儕，能先明孔孟之說，則必將信人性之善，信其善而性靈則貴矣，貴其靈而軀命斯重矣！茲誠轉移之機，當汲汲也！」

【譯述】 我自從有了功名，開始做官以來，到如今已經是上了五十歲年紀的晚年了！據我的觀察看起來，五十年來，朝廷中專門討論修改法律與判例的立法者，是一天比一天嚴密，製造刑具的工匠，是一天比一天厲害；擔任偵訊審理的官員，是一天比一天凶狠！每當我在審判的公堂上或在牢獄之中，看到那些犯人被打得血肉模糊，慘不忍覩的樣子，不免心中非常難過，並且歎息道：「這些人難道不同樣也是由父母所生下來的嗎?!難道他們當初不是依戀在父母的懷抱中，以及兄弟姊妹的身旁嗎?!難道他們當初在兒童時候的善良心地，一到長大了之後，就都變壞了嗎?!等到我看見他們身受痛苦而呼喚哭號的時候，必定先喊父母；當他們心中恐懼害怕，要尋找依靠的時候，必定先想到自己的兄弟時，我終於相信他們原本善良的心地，現在未必通通都喪失了！所以現在我深覺慶幸的是我輩都能先明白孔孟聖賢的道理，並且由此深信人性本善，唯有人性本善，人的靈魂才值得我們珍貴！靈魂值得珍貴，靈魂寄居的身體才會變得有價值！此處是我們轉惡向善的關鍵，應當小心在意，仔細分辨清楚！」

10. 問：「孝悌如何是爲仁的本處?」曰：「只目下思父母生我，千萬辛苦，而未能報得分毫；父母望我千萬高遠，而未能做得分毫！自然心中悲愴，情難自已，便自然知疼痛，心上疼痛的人，便會滿腔皆惻隱，遇物遇人，決肯方便慈惠，周邺溥濟，又安有殘忍戕賊之私耶！」曰：「如此却恐流於兼愛！」曰：「子知所恐，却不會流矣！但或心尚殘忍，無愛可流焉耳！」

【譯述】有人問先生道：「爲什麼孝悌是做人的基本呢？」先生答道：「你只須隨時想一想，父母親生我育我，費了多少辛苦，而却未能報答他們一分一毫；父母親養我教我，對我的期望有多麼高遠，而却未能做到多少！這個時候很少有人心中能夠不感到難過的吧！心中難過，感恩的心情油然而生，自然會有一種無奈的傷感！心中正在傷感的人，想到自己的難過時，自然便容易對其他人不幸的遭遇，產生同情與諒解，發現有人須要別的人幫助或安慰的時候，就容易下決心伸出救援的手來，這樣根本不可能另外生出殘忍陷害別人的念頭了！」這人又問道：「可是這樣一來，却恐怕對什麼人都一視同仁，少了親疏遠近的分別了！」先生答道：「你既然知道親疏遠近之別，自然不會流於「兼愛」；就只怕你心中殘忍的念頭不能消除乾淨，並沒有多少愛心叫什麼人都去關懷呢！」

11.邸中有以「明鏡止水以存心，太山喬岳以立身，青天白日以應事，光風霽月以待人。」四句揭於壁者。諸南明指而問曰：「那一語尤爲吃緊？」或曰：「只首一『明』字！」時方飲茶，先生手持茶杯指示曰：「吾儕說『明』，便向壁間紙上去明了，奈何不卽此處明耶？」南明憮然。先生曰：「試舉杯，輒解從口，不向鼻上耳邊去飲，已卽置杯盤中，不向盤外，其明如此，天之與我者妙矣哉！」

【譯述】先生講舍中，有人題了四句詩在牆壁上，內容大略是說：「我們日常涵養身心要使它像明鏡或靜止的水面一樣，那麼清澄又那麼平靜；立身處世則要像雄偉的高山一般，頂天立地；處理事情的時候，心態和手段要和青天白日一樣的光明磊落；待人接物要溫和有禮，使人能夠如沐春風！」有位叫諸南明的學者問道：「這四句詩中，那一句最重要呢？」有人說道：「看來只有第一句中那個『明』字最重要了！」這時大家正在喝茶，先生於是手中拿著一個茶杯，指點大家道：「我們大夥在這裡討論如何使心中的良知鍛鍊得更『清明』，但是却偏偏說到牆壁上去了，爲什麼不就現在正在吃茶這件事上說呢？」南明聽先生說了之後有點不好意思，又有點不大高興，悶聲不響地坐在一旁！先生於是又說道：「各位且試著舉杯喝茶，一定都把杯子送到口邊去，而不會有人把杯子往鼻子、耳朵送的吧！喝完了，一定把杯子順手放到茶盤裡面，不會放出盤子外！各位請看，這是多麼直截了當、多麼明白的良知良能啊！」

12. 一衲子訪先生，臨別，先生求教，衲子曰：「沒得說你官人常有好光景，有好光景，便有不好光景等待。在俺出家人，只這等。」先生頓首以謝！

【譯述】一位出家的和尚來拜訪先生，臨別的時候，先生向他請求指點一番道理，和尚於是說道：「沒話講，你大官人自然心中經常有心領神會，特別順暢的好時候，但是有這種好時候，也就有不好的時候等著你！可是在出家人來說，永遠就是這一付樣子！」先生點頭道謝！

13. 耿天臺行至寧國，問耆者以前官之賢否？至先生，耆老曰：「此當別論，其賢加於人數等。」曰：「吾聞其守時，亦要金錢。」曰：「然！」曰：「如此惡得賢？」曰：「他何曾見得金錢是可愛的！但遇朋友親戚，所識窮乏，便隨手散去！」

【譯述】耿天臺先生到寧國府巡視的時候，問地方父老，以前在此做事的官員好不好？一個一個問下來，問到先生的時候，父老們說道：「這位不同於其他人，要另當別論，他可比別人好太多倍了！」耿天臺問道：「可是我聽說他在此做官的時候，不是也會向人要錢嗎？」父老答道：「不錯！」耿天臺於是說道：「既然他真的向人要錢，怎麼可以說他是好官呢？」父老答道：「他那裡是因爲貪圖錢財而向人要錢！只要遇到親戚朋友或任何人，窮困潦倒，貧病無依的，他就隨手將得來錢送給他們，一分錢也沒有自己留下來。」

14. 先生與諸公請教一僧，僧曰：「諸公皆可入道，惟近溪不可。」先生問故？僧曰：「載滿了！」先生謝之。將別，僧謂諸公曰：「此語惟近溪能受，何諸公却不敢進？」

【譯述】 先生與幾位朋友一同去拜訪一位僧人，這位和尚說道：「各位將來都可以得道，只有近溪先生不行！」先生問他原因，和尚答道：「心裡面各種知識塞得太滿了！」先生於是謝謝他的指點。過了一會兒，大家要告辭回去了，和尚對其他人說道：「剛才那句話，只有近溪夠資格接受，諸位怎麼還不趕快向他看齊，急起直追呢?!」

15. 有學於先生者，性行乖戾，動見詞色。飲食供奉，俱曲從之。居一歲，將歸，又索行資，先生給之如數。門人問先生：「何故不厭苦此人？」曰：「其人暴戾，必多有受其害者，我轉之之心勝，故不覺厭苦耳。」

【譯述】有位跟先生求學的學生，性情粗暴，行爲怪癖，動不動就發脾氣與人爭吵。先生命人對他的起居飲食各方面都特別照顧，順著他的心意。待了一年，要回家鄉去的時候，又問先生要路費，先生也照他所說的數目，都給了他！門人問先生道：「爲什麼對這樣一個人，不會感到厭煩可惡呢？」先生答道：「這人性情暴戾，一定有不少人受過他的氣，吃過他的苦頭！我只是有心感化他，所以不會覺得厭煩！」

16. 一隣媼人夫在獄，求解於先生，詞甚哀苦。先生自嫌數干有司，令在座孝廉解之，售以十金，媼取簪珥爲質。旣出獄，媼來哀告，夫咎其行賄，詈罵不已。先生卽取質還之，自貸十金償孝廉，不使孝廉知也。人謂先生不避干謁，大抵如此。

【譯述】一位隣家老婦，因爲丈夫被關了起來，特別跑來找先生想辦法（先生在刑部——司法部做官），言詞之間顯得非常可憐。先生覺得自己經常替人向官員說人情，次數多了也不太好，於是就請在座的一位同事幫忙，這位同事表示須要「十金」才能夠把事情辦妥，老婦於是將自己頭上戴的一件首飾取下來，當做抵押，不久這位老婦的丈夫果然出獄了，可是她却又跑來向先生哭訴，原來她的丈夫出獄之後，認為她向官吏行賄，非常生氣，痛罵不止！先生於是將她押在這裡的首飾取出還給她，而私下自己出了「十金」的錢給那位幫忙的同事，並且不讓同事知道是自己出的！當時一般人都說先生急人之難，大致上就是指這些情形。

17. 先生過麻城，民舍失火，見火光中有兒在牀，先生拾拳石，號於市，出兒者，予金視石。一人受石出兒，石重五兩，先生依數予人。其後先生過麻城，人爭覩之曰：「此救兒羅公也！」

【譯述】先生有一次經過一個叫做痲城的地方，遇見當地民家失火，先生看見火舌中有一個小孩被困在屋中牀上！先生於是撿起一塊拳頭一般大的石頭，大聲在街上喊道：「誰能救出那位小孩，我就給他一塊和這塊石頭一樣重的黃金！」有一個人於是自告奮勇，冒險進入火窟，將小孩給救了出來，事情完了，將石頭拿來一秤，共五兩重，先生如約將五兩黃金給了那人。後來又有一次先生再經過廐城，當地人都爭著出來看望先生，並且說道：「這位就是救了小孩的羅先生了！」

甘泉學案

湛若水

湛若水字元明，號甘泉（本學案因此得名），廣東增城縣人。本來不求聞達，因爲受母親的囑咐，才入南京國子監讀書。上面有長官來視察，教官命同學跪迎，先生以爲不合禮而不肯。二十九歲從陳獻章游學；四十歲中進士，主考官起先在看到先生的考卷時，大爲讚賞，說道：「此人必定是白沙門人，否則不會有如此程度。」結果放榜時拆開密封的籍條，果然不錯。不久授職翰林院編修。此時王守仁先生在吏部爲官，同時不斷講學，先生與他互相應和，結爲知己。遇母親過世，返鄉奔喪，廬墓三年。興建西樵講堂講學，士子來求學的，先教學禮，然後才准聽講，啓發不少學子。嘉靖初年，入朝爲官，上疏世宗說道：「陛下親政不久，左右親近的宦官侍臣，爭相以聲色邪說來迷惑聖上的心志，大臣紛紛求去，可說是令天下有道之士寒心！請陛下今後多親近賢能有德的才志之士，而遠離小人，多讀書講學，永保國運太平昌盛。」後來不斷受到重用，歷任南京吏部、禮部及兵部的主管。南京一向風俗奢侈靡爛，先生特地訂定婚喪喜慶的規範，導引民風，使變得純樸。晚年告老退休，直到九十五歲方才去逝。

先生平生每到一處新的地方，就會設法籌建書院，一方面興學，一方面紀念老師陳獻章。先生與王守仁當時都在講學教導後進，陽明講學宗旨是「致良知」，先生的宗旨是「隨處體認天理」，學者於是分別以王學與湛學各立門戶。當時有人居中調停道：「『天理』就是『良知』，『體認』就是『致』的意思，沒有不同。」先生九十歲還遊歷南嶽，經過江西，王守仁的弟子鄒守益正在此地，告戒同志們說道：「甘泉先生最近就要來我們這裡了，我們只要尊敬他是前輩先進，凡事盡禮就好，不必多問他什麼，更不要輕易有所辯論才好。」可見心中似乎仍有成見。

先生著述及論學書信頗多，現摘錄如下：

【求放心篇】

孟子之言求放心，吾疑之。孰疑之？曰：以吾心疑之。孰信哉？信吾心而已耳。吾常觀吾心於無物之先矣，洞然而虛，昭然而靈。虛者，心之所以生也。靈者，心之所以神也。吾常觀吾心於有物之後矣，窒然而塞，憒然而昏。塞者，心之所以死也。昏者，心之所以物也。其虛焉靈焉，非由外來也，其本體也。其塞焉昏焉，非由內往也，欲蔽之也。其本體固在也。一朝而覺焉，蔽者徹，虛而靈者見矣。日月蔽於雲，非無日月也。鑑蔽於塵，非無明也。人心蔽於物，非無虛與靈也。心體物而不遺，無內外，無終始，無所放處，亦無所放時，其本體也。當其放於外，何者在內？當其放於前，何者在後？放者一心，求者又一心，以心求心，祇益亂耳。

【譯述】通常一般人都是過著一些輕鬆的生活方式，而不能忍受嚴格精進的鍛鍊。其實我們每個人，未嘗不都具備了向上求好的心，只是往往我們都守不住，一不注意就喪失了這種天性，而將上進求好的心放逸到外面去了，所以孟子曾經教人要「求放心」，就是隨時反省，一察覺有偷懶的念頭就趕快克制，不要讓本心給放失了。對於這一點我有些懷疑。爲什麼呢？因爲我根據對我自身內心的省察，覺得孟子這種說法還不太完全。我經常在沒有事情，不與外界事物接觸而內心平靜的時候，觀察我的內心，可以說是清明通達，有條有理，任何道理與標準都能分得清清楚楚。可是一到跟外物接觸，處理事情時，內心中就開始顯得念頭太多，拿不定主意，而且往往不能堅持原則去做事了。這種內心中的清明通達，並不是我們出生之後才學得的，而是與生俱來，原本就具備的能力。而患得患失，不能堅守原則，是因爲我們的欲望暫時遮蔽了內心的清明，並不是上進求好的本心真的沒有了。只要一旦醒悟過來，移去了遮蔽物，本心的清明將又顯現出來。其實這種情形就像烏雲遮住了日月的光芒，我們不能說這樣就沒有日月了，而只是暫時看不見日月罷了。鏡子被塵埃蒙住了，不能說鏡子不再具備照東西的用處，只是一時弄髒了而已。人們清明的本心被物慾遮蔽了，也不是說他本來的良知都沒有了，只是暫時不發揮作用罷了。人心的作用原本廣大無邊，萬事萬物的道理它都具備。我們必須仔細考慮一下：當本心爲外在物慾迷失的時候，在內心中是否有一個聲音在呼喚著它，叫它回頭?!當它荒唐糊塗過後，醒來時，內心中所留存的又是什麼?!所以孟子說放失是一種心，上進求好又是一種心，用這種心去尋找那種心，只不過將本心弄得更亂罷了。

【論學書信集】

1. 夫學以立志爲先，以知本爲要，不知本而能立志者，未之有也。立志而不知本者，有之矣，非真志也。志立而知本焉，其於聖學思過半矣。夫學問思辨，所以知本也，知本則志立，志立則心不放，心不放則性可復，性復則分定，分定則於憂怒之來無所累，於心性無累，斯無事矣！

【譯述】求學的人首先要下定決心，終身追求不止；然後要真正懂得人活著的生命意義！不知生命的意義而能終身追求不懈的人，是不會有過的！縱然表面上好像有，那也不會真正追求到底！真正能懂得自身的生命意義，又能終身追求的人，他的程度大概與聖賢的智慧已經相差不遠了吧！多學多問，仔細思考，清晰辨別，是去瞭解生命意義的重要方法；明瞭生命的意義，才有可能終身努力追求；一個終身努力追求生命的人，他的內心一定經常都保持專一；能夠專一的人，他的善良本性大都能儘量呈現出來；善良的本性能夠呈現出來，則對於一切命運所安排的吉凶禍福，就容易泰然處之。這樣一來，令人憂傷憤怒的事情就都不會擾亂了他；心境能不被擾亂而經常保持平靜，那世上再也沒有什麼會令人痛苦的事了。

2.「執事敬」最是切要，徹上徹下，一了百了。致知涵養，此其地也。所謂致知涵養者，察見天理而存之也，非二事也。

【譯述】「處理任何一件事情就把整個心思都放在這一件事情上面」，這是修養德行最爲緊要的工夫，真能做到這樣，那麼每件事都是天理呈現了。「致知與涵養」的工夫都要能如此才好。但是所謂「致知」與「涵養」，就是明察天理然後努力實踐，是一回事而不是兩回事。

【語錄】

一友問：「何謂天理？」衡答曰：「能戒愼恐懼者，天理也。」友云：「戒愼恐懼是工夫。」衡曰：「不有工夫，如何得見天理?!」故戒愼恐懼者，工夫也；能戒愼恐懼者，天理之萌動也。循此戒愼恐懼之心，勿忘勿助而認之，則天理見矣！敦焉，卽無往而非天理也，故雖戒愼恐懼爲天理，可也。今或不實下戒愼不覩，恐懼不聞之切，而直欲窺見天理，是之謂先獲後難，卽此便是私意遮蔽，烏乎得見天理耶？

【譯述】一位友人問道：「什麼是天理？」回答道：「對任何事情都能夠心中常存戒愼恐懼的誠敬之念就是天理。」友人說道：「心中常存誠敬，只是修養的工夫吧？」

答道：「沒有下工夫努力修養實踐，又怎麼能夠得見天理呢？」由此可見，心中常存有誠敬之念，是工夫沒錯，但是能夠使人經常在心中興起誠敬之念的，却正是本於天理而人人心中自有的善良本性，發揮了作用！依循著這種誠敬的心，實實在在地去每一件事物上體認，就會發現每一件事物中都自然有合於天理的地方。久了以後，養成習慣，面對任何事物，就都能夠依循天理去處理它了。所以雖然說它既是工夫，又是天理也是可以的。如今有些人，不肯實實在在下誠敬的工夫，想要貪便宜，走捷徑，一步登天，直接體認到天理，那是想要有收穫又怕難的人，這正好是良知被私意遮蔽了，又怎能夠見到天理呢?!

東林學案

顧憲成

顧憲成字叔時，別號涇陽先生，江蘇無錫人，父親顧學，生有四子，先生排行第三。十歲那年先生讀了一篇唐代大文學家韓愈的文章，篇名叫做「諱辯」，內容是說明避諱的真義（從前人，如兒子對父親、臣子對君王，爲了表示尊敬，不但不敢直接稱呼他們的名字，甚至在寫文章的時候，遇到要用和他們名字相同的字的時候，都故意換一個聲音相同或近似的字來代替，這就叫做避諱），於是從此想盡辦法，總要避免用到父親的名字，遇到無法用其他字代替的時候，就悶悶不樂。父親於是對他勸解道：「從前有一位韓咸安王，他的名字裡面有個『忠』字，於是他就命他的兒子不要避諱這個『忠』字，意思是希望兒子不要忘了『忠』！現在我的名字叫做『學』，你避免用『學』這個字，我怕你習慣了之後，就忘了『學』了！」先生聽了恍然大悟，從此努力向學！

十五歲左右，跟張原洛先生讀書，張老師講課，不會完全拘束在古人既有的注解裡面，多半根據自己的心得來教，先生聽講之後，也常常有所領會！有一天講到孟子書中的一段話，大意是說：「要培養一個人的良知，最好的方法就是降低自己的慾望！」先生聽了之後却認爲：「要減少一個人的慾望，最好的辦法就是從培養內心的良知做起！」老師聽了說道：「如果讀書只是爲了考試做官，想來這樣的學問也不能滿足你的天才和要求，爲了不耽誤你的前途發展，我看你還是去薛方山先生門下求教吧！」果然，薛方山見了先生之後，非常喜歡，給他一本「考亭淵源錄」，說道：「宋代大儒朱熹以下，一直到本朝王陽明先生爲止，儒學的精華都在這本書中，你好好拿去仔細研究吧！」

二十七歲時鄉試第一名及格，三十一歲中進士，任職戶部主事（財政部）。此時明代大政治家張居正當權，有一天生了病，文武百官都一同爲他求神祈禱，先生認爲是迷信，不願參加，同事中有人替先生在探病來賓名册中代簽了名，先生知道之後，立刻前去把它劃掉！

明代自嚴嵩當政掌理內閣大權以來，就將吏、戶、禮、兵、刑、工六部的權限統收於宰相的手中，因此往往有只任用私人，而不顧才幹品德是否優良的情形發生，先生也曾碰見這種事情，即經常發動社會上的輿論，予以反對糾正，所以有一天內閣有人故意問先生道：「最近有一些奇怪的事情，不知道您曉不曉得?!」先生回答道：「我不知道啊！是什麼事情呢？」那人於是說道：「近來只要內閣認為是對的事情，外邊輿論界一定認為不對！相反地，內閣認為不對的事情，輿論反而都認為是應當的！你說奇怪不奇怪！」先生聽了笑了笑反問道：「最近外邊社會上也有一些奇怪的事情，不知道您清不清楚?!只要是社會一般人認為正確而應當做的事情，政府內閣裡面一定認為是錯了！社會上認為不該做的，內閣却偏偏以為是對的，必定要施行，你說這奇怪不奇怪！」於是兩人互相大笑而不再多說了！

這個時候，君子大都不得志，先生也因為得罪當權人物而遭排擠，被削為平民，回返故鄉！明神宗萬曆二十六年，先生四十九歲，與同志們會商，準備重修宋代大儒楊時當年在無錫講學的東林書院（本學案因此得名），並得到常州知府歐陽東鳳和無錫知縣林宰的資助，萬曆三十二年落成，於是大會四方有志向上的讀書人，講學其中，一切制度都依照白鹿洞學規（註）辦理。一時聞風而起的有毗ㄆㄧˊ陵（位於江蘇武進縣附近）的經正堂、金沙（位於江蘇南通縣東北）的志矩堂、荊溪（位於江蘇宜興縣附近）的明道書院以及虞山（位於江蘇常熟縣西北）的文學書院，都紛紛前來東林，請先生到他們那裡講學。

先生論學，注重對社會要有貢獻，他曾經說道：「現在讀書人在朝中做官，享受富貴，却不把心思放在幫助國君，替君王分憂的事情上面；派到外地做官，却不照顧民間老百姓的生活疾苦；不做官了，在山明水秀的地方休養，三三兩兩聚在一起，整天談道德、講生命，却不管世道人心究竟如何！讀書人變成這樣子，就算他才幹多大，真正君子也是不齒這種行爲的！」所以講學會中，也就經常衡量當時各種人物，批評朝政，提出許多改革的建議和主張，希望藉著輿論的力量，影響朝廷中決策單位的思想與做法！天下君子都以「爲民喉舌」的清名歸於東林書院！可是政府當局却也在此時開始對他們又有點害怕，又是忌恨了！後來終於因爲批評得太厲害，惹火了當朝的權貴，而遭到全面禁止和逮捕，不少人還因此喪失了生命！

萬曆四十年（西元一六一二年）先生逝世，享年六十三歲。先生一生，對於當時學者們總是喜歡走捷徑，不踏實，希望一步登天的風氣，深爲憂慮，所以當一般學者自稱不用思考、不用努力，只要當下一念覺悟，就能成就大道的時候，總是命他們仔細想一想這些話的本源，真的是從自己生命中徹底反省得來的心得呢？還是隨便從別人那裡聽來的?!另外再從實際關鍵上去考慮一下，當我們真正遇到痛苦、挫折，或是慾望誘惑的時候，是不是真的能夠忍耐得過去？如果這兩點都做不到，那麼說些大話不但無益，反而害死自己！

現在就摘錄一些先生的著作在後面：

【小心齋劄ㄓㄚˊ記】

1. 勿謂今人不如古人，自立而已！勿謂人心不如我心，自盡而已！董仲舒曰：「仲尼之門，五尺童子，羞稱五伯。」此意最見得好，三千七十，其間品格之殊，至於倍蓰ㄒㄧˇ，只一段心事，個個光明，提著權謀術數，便覺忸ㄋㄧㄡˇ怩ㄋㄧˊ，自然不肯齒及他，非故擯ㄅㄧㄣ而絕之也！

【譯述】我們求學的人不要自暴自棄，總是認爲現代人的品德學問及不上古代人的成就，只有自己努力上進，才是根本自救的辦法！另外也不要驕傲，認爲自己已經嚐到生命中真理的滋味了，而別人卻還不知道！只有自己徹底發揮生命的潛力，不必去和人家爭強比較高下。漢朝儒家學者董仲舒說過這樣一段話：「孔子家中，那怕就算是一個小小孩童，也不願意在口中稱道當時那些稱王稱霸的諸侯。」這句話真的有見地！要知道雖然孔子門徒三千人，其中只有七十二名特別有成就，品格相差很多，可是因爲久在聖人門下接受薰陶，個個心中光明磊落，卻是一樣的！所以只要一提到那些霸道的諸侯們彼此之間用心機，使權謀的事情，就覺得不對勁，不是正大光明的君子之道，所以不肯多談，倒也不是故意要排斥那些人走向正道的機會！

2. 一日遊觀音寺，見男女載道。余謂季時曰：「卽此可以辨儒佛，凡諸所以爲此者，一片禍福心耳，未見有爲禍福而求諸吾聖人者也！佛氏何嘗邀之使來，吾聖人何嘗拒之使去；佛氏何嘗專言禍福，吾聖人何嘗諱言禍福，就中體勘，其間必有一段眞精神，迥ㄐㄩㄥˇ然不同處。」季時曰：「此特愚夫愚婦之所爲耳，有識者必不然！」曰：「感至於愚夫愚婦而後其爲感也眞，應至於愚夫愚婦而後其爲應也眞。眞之爲言也，純乎天而人不與焉者也，研究到此，一絲莫遁矣。」

【譯述】 先生有一天去參觀一座叫做觀音寺的寺廟，沿路只見前來燒香的男女信徒，源源不絕，於是對同行的弟弟季時說道：「從這一點就可以看出儒家和佛家的不同！現在這許多來燒香的人，絕大多數都是來求問吉凶禍福的，可是我們平常却很少看見有人爲了要問吉凶禍福而去找儒家學者的！其實佛陀又何嘗主動去邀請這些人來呢?!同樣地，儒家的聖人也沒有故意排斥這些人；佛陀說法，也不是全講吉凶禍福，同樣地，聖人也不是絕對不談。所以從這裡面仔細體會，就可以知道儒佛兩家之間必定有一種真精神，彼此不相同的原故！」季時同答道：「這些只不過是一般老百姓無知罷了，有見識的人一定不會這樣做的！」先生接著說道：「就是要連一般老百姓也能夠感動，這種感動才是真實的！就是要連一般老百姓也能夠接受，這種接受才沒有虛僞！所謂真實而沒有虛僞的意思，就是一切思想行爲全依照自然法則和心中的良知去做，不再加上一絲一毫的人慾進去，能夠研究分辨到這個地步，再沒有任何值得猶疑不決的事了！」

3.「知」謂識其事之當然，「覺ㄐㄩㄝ」謂悟其理之所以然！

【譯述】 平常我們常說人有「知覺」，所謂「知」是說知道某件事情應該怎樣做，「覺」是指領悟這件事所以必須這樣去做的原因！比方說我們都「知道」應該遵守交通規則，後來才「覺悟」這樣做可以保障大家的生命安全。

4.人身之生死，有形者也；人心之生死，無形者也！衆人見有形之生死，不見無形之生死，故常以有形者爲主，聖賢見無形之生死，不見有形之生死，故常以無形者爲主！

【譯述】 每個人的肉體總有死亡的時候，這種生生死死是用眼睛看得到的，所以是有形的！另外每個人的心靈，如果不再具有靈感，不再追求理想，那麼我們稱這顆心就像是死了一般，而這種心靈類似於死亡般的萎靡不振，通常用眼睛是看不見的，所以是無形的。一般人只看得見肉體的生死，看不見心靈的生死，所以常以肉體有形的生死，認爲是生命中的第一等大事；而聖賢却只見心靈的生死，而不太去注意肉體的生死，所以常以心靈無形的生死，認爲才是生命中最重要的大事！

5. 邇來講識仁說者，多失其意。「仁者渾然與物同體，義禮智信皆仁也」，此全提也！今也於「渾然與物同體」，則悉意舉揚，於「義禮智信皆仁也」，則草草放過。「識得仁體，以誠敬存之而已，不須防檢，不須窮索」，此全提也。今也於「不須防檢，不須窮索」，則悉意舉揚，於「誠敬存之」，則草草放過，若是者非半提而何?!旣於「義禮智信」放過，卽所謂「渾然與物同體」者，亦只窺見籠統意思而已，旣於「誠敬存之」放過，卽所謂「不須防檢，不須窮索」者，亦只窺見脫洒意思而已！是並其半而失之也！

【譯述】 宋代大儒程顥有一篇著名的論文叫做識仁篇，近來有不少學者，時常在討論中談到，可是談的人雖多，大部分却都不得要領，失去了原作者的宗旨。原著上有兩段話，其中一段大意是說：「真正以仁愛爲懷的人，將他充沛的情感投注給宇宙萬物，不論是人物、鳥獸、花草樹木，甚至山川、自然，都表示了他的關切，所以他自己與自然萬物實在已經同爲一體了！而以仁愛爲懷的人究竟怎樣才具有這樣充沛的情感呢？那就是因爲他的生命中，具備了正直、規律、智慧與誠實這幾種美德的原故！」這一整段話是要前後連貫在一起讀的，前面一部分說明了仁者的境界，後面一部分說明了仁者所下的功夫與必須具備的美德。然而現在學者們却只對前面說明仁者境界的那部分，大談特談，說得天花亂墜，就好像自己已經是「仁者」了，而對於後面談工夫、談修養美德的部分，隨隨便便就放了過去，不去仔細研究力行！還有一段的大意是說：「明白了以仁愛爲懷的人，所必須具備的修養功夫與美德之後，就應該隨時隨地以一顆虔誠、專一的心去培養鍛鍊，等到一切純熟，習慣成自然之後，就不必每天戰戰兢兢，刻意地去預防心中的邪念和苦求各種事物的道理了！」這一段話也是要前後連貫在一起讀才行！可是現在學者們也是對於前面談培養鍛鍊的話，輕易地忽略過去，却對後面當習慣成自然，一切純熟後的不須預防、不須苦求的境界，大事宣揚！像這種不顧工夫、不務根本，而只談境界的情形，正好暴露出這些人淺薄的一面！其實對於「正直、規律、智慧、誠實」這些美德不注重的人，他們所談論的「與自然同爲一體」的境界，也只不過是望文生義罷了，自身何嘗眞正有過那樣的境界呢！既然不把實際鍛鍊的工夫放在心上，那麼說「不須預防，不須苦求」也只不過是故做瀟灑罷了！最後什麼也都得不到的！

6. 康齋日錄有曰：「君子常常吃虧方做得。」覽之惕然有省。於是思之曰：「夫子之道，忠恕而已矣！忠恕之道，吃虧而已矣。顏子之道，不校而已矣！不校之道，吃虧而已矣。孟子之道，自反而已矣！自反之道，吃虧而已矣。」

【譯述】吳康齋先生在他的日錄裡面有一句話：「要做一個君子，必須能夠忍受各種現實中的挫折與打擊！」看了這段話之後，心中有很深的感受，於是想到：「孔子追求生命的方法，主要是對自身誠實不自欺，然後盡量包容一切，這種誠實不自欺，包容一切的胸襟，就是忍耐一切的意思。顏回追求生命，主要是不計較、不記恨，要能不計較、不記恨，也是必須忍受一切！還有孟子，他主要是自我反省，要能自我反省，一定也必須先能容忍！可見容忍是每個人追求生命智慧、過道德生活的必備基礎！」

7. 史際明曰：「天下有君子、有小人。君子在位，其不能容小人，宜也；至於並常人而亦不能容焉，彼且退而附於小人，而君子窮矣！小人在位，其不能容君子，宜也，至於並常人而亦不能容焉，彼且進而附於君子，而小人窮矣！」

【譯述】 有一位史際明先生曾經說過：「世界上有些人是君子、有些人是小人。當君子得志，當權執政的時候，他不能容忍小人作怪，是很正常的現象，可是如果君子有時候自大自傲起來，連一般人的意見也不能接受，一切都自作主張，那麼將會逼得一般人倒向花言巧語的小人那邊去，而使得君子沒了助手，最後終於遭到挫折！同樣地，當小人得志，當權執政的時候，他不能容忍君子的指責與批評，也是很正常的現象，可是如果小人一旦得意起來，胡做非爲，什麼人也不放在眼裡，對一般人善意的建議與勸告都聽不進的話，也將會逼使一般人投向君子的陣營，讓小人孤立起來，最後終於失敗！」

【商語】

丁長儒曰：「聖賢無討便宜的學問。學者若跳不出安飽二字，猶妄意插脚道中，此討便宜的學問也！」

【譯述】丁長儒曾經說過：「要學聖賢一樣，追求無上智慧，就必須按部就班，循序漸進，並且終生追求到底，不可再對現實有任何希求！學者如果有心追求聖賢這樣崇高的理想，却又每天掛念一己的溫飽，想要找個安穩的職業做依靠，這就是一種討便宜、圖僥倖的心理在作怪。」

【當下繹】

平居無事，不見可喜，不見可嗔彳ㄣ，不見可疑，不見可駭，行則行，住則住，坐則坐，臥則臥，卽衆人與聖人何異?!至遇富貴，鮮不爲之充詘彳ㄨ矣！遇貧賤，鮮不爲之隕穫矣！遇造次，鮮不爲之擾亂矣！遇顚沛，鮮不爲之屈撓矣！然則富貴一關也，貧賤一關也，造次一關也，顛沛一關也，到此真令人肝腑具呈，手足盡露，有非聲音笑貌所能勉強支吾者。故就源頭上看，必其無終食之間違仁，然後能於富貴、貧賤、造次、顛沛，處之如一；就關頭上看，必其能於富貴、貧賤、造次、顛沛，處之如一，然後算得無終食之間違仁！

【譯述】 平日家居沒什麼大事情發生的時候，每個人的心情大都很平常，沒有什麼特別值得高興、氣憤、懷疑或恐懼的情緒產生，於是行、住、坐、臥這些生活上的細節，一般人和聖人比較起來，也都大致相同，沒什麼差別。可是一旦遇到有什麼榮華富貴臨頭的時候，却很少有人能夠不喜歡並失掉節操的！遇到貧賤的時候，也很少有人能夠不被得失利害打動心的！遇到緊急關頭，難免手忙脚亂，心中無主！遇到危難挫折的時候，難免就因此而妥協了！照這樣看來，富貴、貧賤、緊急、危難每一樣都是人生中的關口，只有真正面臨到這些難關，人的真面目，真德行才會原原本本的呈現出來，再也沒法子像平日沒事的時候，可以裝假騙人，蒙混一下過去就算了！所以從一個人內心最深處去看，必須能夠做到沒有片刻時間違背自己的良知本性，然後才有可能在遇到這些關口的時候，和平常一樣地去應付它們；同樣地，必須在這些關口上都把持得住自己的節操，才能說這個人時刻不離自己的良知！

附註

「白鹿洞書院」設在廬山白鹿洞中，五代南唐時建立。宋代大儒朱熹曾講學於此，並訂立學規讓學者遵守：

五教之目
- 父子有親
- 君臣有義
- 夫婦有別
- 長幼有序
- 朋友有信

爲學之要
- 博學之
- 審問之
- 愼思之
- 明辨之
- 篤行之

修身之要
- 言忠信
- 行篤敬
- 懲忿窒山慾
- 遷善改過

處事之要
- 正其誼不謀其利
- 明其道不計其功

接物之要
- 己所不欲，勿施於人
- 行有不得，反求諸己

高攀龍

高攀龍字存之，江蘇無錫人，學者稱他景逸先生，二十八歲中進士。因得罪當朝大臣被貶官到揭陽，半年之後才被放歸。於是與顧憲成合力興復東林書院，講學其中，每月三天，遠近聞風而來的學者有好幾百人！先生認爲社會要安定，國家要富強，必須使社會上是非標準都正確的建立起來才行！一般小人因爲先生經常仗義執言，揭發他們所做的不法惡事，所以都很恨先生！同時朝廷中，因爲先生他們不斷批評政府施政的得失，於是對先生等人也是又恨又怕，甚至到了後來，朝廷中只要有人辦一件合乎正義的事，說一番合乎正義的話，不管他是誰，通通將他歸爲「東林黨人」！

先生在民間隱居講學了二十八年之後，又被朝廷徵召，出來做官，因不滿宦官魏忠賢亂政，於是又辭職回家不幹了！後來因爲被牽入「明末三大案」中的「移宮案」(註)，而被削爲平民，並且朝中恨先生從前批評過他們的人，乘機落井下石，一併將東林書院也給取締了！第二年正式宣佈東林黨人爲叛逆，加以逮捕，先生因爲不願被捕受辱，於是留下一封遺書給當時的皇帝明熹宗，然後在夜半投水自盡！遺書內容大略是說：「臣雖然被貶爲平民，但是過去總算是朝廷的大臣，一個國家的大臣受到侮辱，其實等於這整個國家都被侮辱了一樣！所以在此向您叩頭告別，因爲我就要效法屈原的精神去了！只是君王的深恩還沒有報答，只好等來生再報了！」

距生於明世宗嘉靖四十一年（西元一五六二年），享年六十五歲。

註：明末的三大案是：梃擊案、紅丸案和移宮案。

梃擊的案子發生在萬曆四十三年五月初四。有一個名叫張差的漢子，手中拿了木棍，闖進皇太子所住的慈慶宮，打傷守門的宦官李鑑，走近大殿廊簷，被捕。御史劉廷元審了他，向神宗奏報：「雖則張差有狡猾的面孔，但在行動上却是一個瘋子，沒有什麼政治作用。」有一個提牢主事王之寀，私下探詢張差的口氣，查出來張差是受了「馬三舅」與「李外父」的指使，從家鄉薊ㄐㄧˋ州來到京師，隨了一個老公公走進另一個老公公的大房子，吃飯。這第二個老公公給他一根木棍，領他進了宮，叫他逢人便打死，事成以後賞幾畝地給他。於是王之寀便報告侍郎陸問達，託陸代奏神宗。

禮部尚書兼東閣大學士方從哲認爲：王之寀胡說。御史過庭訓主張趕快把張差殺了（以免露出眞相）。過庭訓而且行文張差原籍的地方官，調查張差得瘋病的經過。果然薊州知州戚延齡，就同了文來，說張差如何如何地得了瘋病。

刑部舉行了一次「十三司會審」，十三個司的司官都出庭。張差供出：馬三舅是馬三道，李外父是李守才，第一個老公是龐保，第二個老公公是張成。另外，還有一個姐夫，姓孔名道，也是同謀。他的任務並不是「逢人便打死」，而是專打「小爺」。（「小爺」在老公公們的口語中，是皇太子。）

案情揭露到如此程度，一切無可掩飾。張成是鄭貴妃的侍者，以前已經有一次犯了詛咒皇太子的嫌疑。鄭貴妃一向想把自己的兒子朱常洵立爲皇太子，在皇長子朱常洛被立爲太子以後，雖則她的兒子也被立爲福王，而她並不甘心，始則留福王在京城，不放他到洛陽去就封，繼則鬼鬼祟祟，要害死常洛，以便把福王常洵迎回來，入繼大統。

糊塗的神宗，硬要袒護鄭貴妃，把天大的案子放在自己的肩上。他召見方從哲與朝中文武諸臣，破口大罵，說他們意在離間皇帝與太子之間的感情。其實，何嘗有人說他神宗是謀殺太子的主犯呢！沒出息的太子常洛，這時候站在神宗的旁邊，也順嘴向文武諸臣申斥：「我父子何等親愛，而外廷議論紛如。爾等爲無君之臣，使我爲不孝之子。」

結果，張差仍以「瘋癲之人」冒犯宮禁罪名，被凌遲處死，馬三道與李守才、孔道被從輕發落，充軍了事。老公公龐保與張成，在宮裡被皇帝祕密殺死滅口。鄭貴妃依然住在乾淸宮陪伴神宗，好像不曾有過梃擊的案子一樣。

紅丸的案子，發生在萬曆四十八年八月二十九日。

朱常洛在八月初一卽位，改明年爲泰昌元年。他在位僅有二十九天，死後謚爲光宗。在明朝的皇帝裡面，他是在位最短的一個，不能有所建樹，原無足怪，但是就他在短短的一個月之中所表現的而論，卽使他在位二十年、三十年，也必一無所成。

他卽位到了第五天，便得了病。這病可能是肚瀉或痢疾，然而肚瀉痢疾之所以能致他於死，主要的原因却是起居無節。他原已寵了兩個「選侍」，均姓李，稱爲東李、西李。西李比起東李來，更加受寵。鄭貴妃爲了想攏絡他，一擧而送他四個美人，他都收了。這四個美人，加上二李，便要了他的命。

從八月初五日病起，病到二十九日，病重。（在初五日吃宦官崔文昇的藥，吃了以後，一天一夜要大便三四十次。）鴻臚寺丞李可灼獻上一顆紅丸，他吃了，獲得暫時的安睡，黃昏時睡醒了，再吃一顆，睡到半夜，去世，享壽三十九歲。

方從哲要用皇太子（熹宗）的名義，賞李可灼五十兩銀子。御史王安舜提出抗議：「只不過借此一舉，塞外廷議論也。」方從哲嚇得縮了回去，把賞銀子的原擬，改爲「罰俸一年」。

這麼一來，朝廷的議論與民間的謠言更多。方從哲又只得用聖旨勒令李可灼回家養病（免職）。

西李姓李，李可灼也姓李。西李與神宗的鄭貴妃一向很親近，而鄭妃在梃擊一案早就有了嫌疑。用紅丸把光宗弄死，莫非是爲了要把福王常洵從洛陽請回來當皇帝？

鄭貴妃本人，確也太不避嫌。在光宗未死以前，她向光宗建議立西李爲皇后；西李也向光宗建議尊她（鄭貴妃）爲太后。這很像是她準備以「皇太后」的資格垂簾聽政，甚至演出廢君立君的把戲來。光宗也竟然扶病朝見羣臣，假傳神宗遺命，催大家快制定尊封皇太后的禮儀，禮部侍郎孫如游表示反對，認爲要封，該先追封光宗自己的生母王貴妃，不該先封鄭貴妃，此事才作罷！

移宮的案子發生在光宗死後的次日，亦即萬曆四十八年九月初二日（這一年，由於光宗等不到次年改元便死，羣臣議定：八月以後，改稱泰昌元年，以爲紀念。次年，原定爲泰昌元年，改稱爲天啓元年。）

西李在光宗既死，照規矩應該搬出乾清宮，讓新任的皇帝住，然而她沒有搬。熹宗仍舊住在慈慶宮。她而且叫太監，把羣臣的奏疏先送給她看，再拿到慈慶宮給熹宗看。

大學士劉一燝，吏部尚書周嘉謨，兵科都給事中楊漣，與御史左光斗，在九月初二日向皇長子（熹宗）上奏：請選侍（西李）移宮。左光斗在奏中說：「選侍既非嫡母（皇后），又非生母，儼然尊居正宮，而殿下乃退處慈慶，不得守几筵，行大禮，名分謂何？選侍事先皇，無脫簪戒旦之德（沒有爲皇上分憂），於殿下無拊摩養育之恩，此其人豈可以託聖躬者？且殿下春秋十六齡矣，內輔以忠直老成，外輔以公孤卿貳（朝廷大官）何處乏人？尚須乳哺而襁負之哉？況睿哲初開，正宜不見可欲（正好剛到懂事的年齡，最好少接觸會誘惑人的東西—如女色等等）。何必託於婦人女子之手？及今不早斷決，將借撫養之名，行專制之實。武氏（武則天）之禍，再見於今，將來有不忍言者！」

西李看到了這本奏疏，派宦官叫左光斗進宮，準備當面予以重罰。左光斗抗命說：「我是天子的官，只有天子能召見我。你們是幹什麼的？」西李又派宦官叫熹宗來乾清宮，商量處罰左光斗的事。熹宗這小孩子此時精靈得很，不肯去；却也叫宦官把左光斗的奏疏拿來看，看罷，很欣賞，居然把奏疏批交內閣。到了初五，內閣再催，熹宗再便批令西李移宮。西李只得遵辦，搬到仁壽殿去。

初六，熹宗正式登基，受羣臣朝拜以後，擺駕回宮，所回的便是乾清宮，而不是慈慶宮了。

熹宗而且下旨，叫西李搬出仁壽殿，到宮女養老的噦ㄩㄝ鸞宮裡去住。隨即特下一敕，痛數西李的罪：（一）初一日光宗去世，羣臣哭臨，請求朝見他，西李把他留在暖閣，不許出來；司禮太監王安固請，才許。出來不遠，西李又叫李進忠（魏忠賢本來的名字，魏忠賢本是河間府肅寧縣的一個無賴，賭輸了錢，被債主逼得無路可走而自己，動手術，進宮當了宦官。他原姓魏，改姓了李，取名進忠，叫做「李進忠」。）等再三喊他回去。最後，出來了，西李仍叫人吩咐他，不可到文華殿。（二）他自己的生母是西李打死的（死在萬曆四十三年七月）。誰料到，四年以後，這熹宗變了一個人，竟然聽從了魏忠賢的玩弄，封西李爲康妃。次年，天啓五年，他又把楊漣、左光斗等逮捕下獄，死得不明不白。不久，他又讓魏忠賢頒布「三朝要典」，顚倒三大案的是非。

作者按：本註所敍述的明末三大案，錄自黎東方先生著「細說明朝」一書三七九頁～三八四頁。（傳記文學出版社，六十六年十月一日初版。）

【語錄】

1.人心之靈，莫不有知，良知也；因其已知而益窮之，至乎其極，致良知也！

【譯述】人的心靈中，本自具有分辨善惡的能力，這種天生的能力就是良知；而就已有的良知，加以徹底的發揮，及於生活中每一件事物，才是實現良知的人。

2.學有無窮工夫，心之一字，乃大總括；心有無窮工夫，敬之一字，乃大總括！

【譯述】求學做人有許多方法與步驟，然而不論什麼方法，最後都必須歸到人的心靈問題；要能呈現人心靈中的良知，也有許多方法，然而必須要能虔敬才有效！

3.心無一事之爲敬！

【譯述】如果我們每天處理許多事情的時候，能夠使心中不被利害得失所困擾，不會患得患失，這就表示心中有定力，能完全專注在公理正義上了！

4.人心放他自由不得！

【譯述】由於自己內心的定力不夠，慾望的誘惑又多又大，每天雖然時時刻刻提醒自己，不要放逸，卻還難免有犯錯的時候，更不用說讓心意放鬆一下了！

5.理不明，故心不靜，心不靜而別爲法以寄其心者，皆害心者也！人心戰戰兢ㄐㄧㄥ兢，故坦坦蕩蕩！何也？以心中無事也。試想臨深淵、履ㄌㄩ薄冰，此時心中還著得一事否？

【譯述】由於心中對許多道理不能明白，所以遇到有事的時候，心中便會猶疑、困擾，甚至因此而產生恐懼，這種心情上的不寧靜，如果不從明瞭事理上去研究解決，却只知道用心機、耍手段，想要把事情應付過去，或者逃避問題，不敢面對事實，這些辦法，都是在傷害自己的良心！人心唯有小心謹愼地全部專注在實現天理這回事情上，才會眞正得到平安、寧靜，胸襟才會開闊，沒有困擾。因爲只有心中充滿天理，凡事依天理去做，良心上過得去，利害得失就不會糾纏人了。我們不妨想一想：當我們小心謹愼，就像是面臨懸崖深淵，或者走在薄冰上，隨時有冰裂落水的可能時，那時心中還能存有着任何雜念嗎?!

6. 須知動心最可恥，心至貴也，物至賤也，柰何貴爲賤役？

【譯述】我們必須知道，被現實中的世俗事物所誘惑，而動搖了追求理想的決心與意志，這是讀書人最可恥的事！因爲人的靈魂是最可貴的，現實中的誘惑是最低俗的，爲什麼要讓可貴的靈魂被現實的誘惑所控制呢?!

7. 龜山曰：「天理卽所謂命，知命只事事循天理而已！」言命者惟此語最盡，其實無一事，不要惹事。

【譯述】宋代大儒楊時（龜山是他的字號）曾經說過：「其實天理就是一般人

說的命，只要每一件事都循着天理認真去做，這樣的人就可稱爲知命了！」所有曾經聽人談過有關「命」的理論，以這一句最徹底、最有見地！其實人生中一切命裏註定的事，都有天理蘊涵其中，只要我們能發現真理，照着去做，不要自做聰明，一切都會妥當的！

8. 人想到死去一物無有，萬念自然撇脫；然不如悟到性上一物無有，萬念自無繫累也！

【譯述】當我們想到人死了之後，再沒有任何現實中的事物，可以掌握而據爲己有的時候，心中一切計較的念頭，自然容易放下；然而這種想法，雖然已經算得上看得開了，可是還不如領悟到人生本來就沒有什麼好計較的，一切依循天理而行，心中自然可以沒有任何牽掛！

9. 政事本於人才，捨人才而言政者，必無政；財用本於政事，捨政事而言財者，必無財。

【白話試譯】一個國家的政治是否清明，行政是否有效率，卻要看這個政府所任用的官員是不是人才！治理國政沒有或者不用真正的人才，必定沒有良好的政績！一個國家的財政是否充裕，要看這個國家政治上的各種制度是否完善，要想有充裕的財政經費，却沒有上軌道的制度來配合，一定是不成的！

10. 有問錢緒山曰：「陽明先生擇才，始終得其用，何術而能然？」緒山曰：「吾師用人，不專取其才，而先信其心，其心可托，其才自爲我用！世人喜用人之才，而不察其心，其才止足以自利其身已矣，故無成功。」愚謂此言是用才之訣也，然人之心地不明，如何察得人心術?!

【譯述】　有人問錢德洪（緒山是他的字）道：「令師王陽明先生要用人辦事的時候，總能很適當地挑選出才幹足以擔當所須任務的人，不知他是用的什麼方法？」錢德洪答道：「我的老師任用一個人的時候，不僅僅看他有沒有才幹，而更要看他的心術正不正！要這個人的品德優良，心術端正，才幹也具備，這才用他。現在社會上一般人用人的時候，只看要用的人才幹夠不夠，而不管他的品行好不好，結果這個人才幹是夠了，可是品行不良，往往只會用自己的才幹，爲自己私人圖利，而誤了公事！」我認爲這番話真是任用人的秘訣！然而更重要的一點是：如果自身對人性沒有透徹的瞭悟，又如何去判斷一個人的心術是不是端正呢？

11. 人不患無才，識進則才進；不患無量，見大則量大，皆得之於學也！

【譯述】人不怕沒有才幹，只要學識一天天能進步，才幹自然也會逐漸增進的；也不要怕氣量不夠，見識愈廣，度量自然也能愈大，而這些都要靠我們自身勤奮地去學習，才能達成！

【雜記】

1. 心無出入，所持者志也！

【譯述】心意能夠不輕易地隨着世俗的看法而改變，不會見異思遷，這都要靠自身堅守自己的理想與志向才能做到！

2. 易之本體只是一「生」字，工夫只是一「懼」字！

【譯述】易經的根本主旨，在指出人應該效法大自然不休止的運行，而在生命中藉着不斷的創造過程，將一切現實中死亡的陰影給掃除！而要能夠不斷地激發生命中的創造力，主要要靠自身能在看透一切現實與人性的意義之後，對現實的徹底絕望與捨棄！

【說類】

1. 古人何故最重名節？只爲自家本色，原來冰清玉潔，著不得些子汚㐅穢，才些子汚穢，自家便不安，此不安之心，正是原來本色，所謂道也！

【譯述】從前人非常愛惜自已的名譽，爲什麼會這樣呢？只因爲古人體會到人自身的本性，原來是光明磊落，就像水晶一樣清淨，像玉石一樣潔白，不帶有任何罪惡，所以只要犯有一點兒過失，就感覺不再是完美的了，於是心中便會不安起來！而這種要求徹底完美的心意，也就是從光明的本性所發出來的，也是一切智慧的根源！

2. 真放下乃真操存，真操存乃真放下。心存誠敬，至於死生不動，更有何物不放下耶？本體本無可指，聖人姑拈一「善」字；工夫極有多方，聖人爲拈一「敬」字！

【譯述】 真的能夠捨棄一切現實，才有可能追求生命理想；同樣地，也只有真正全心全意專注在自身生命問題的徹底解決上，才有可能放棄一切現實的事物！真能既徹底又專一地在追求生命智慧的人，對現實又還會再掛念嗎？使這種生命追求永不止息的力量來源，本來是無法用言語來形容的，聖人為了使人容易體會，暫且給它一個名稱，叫做「善」，因為透過它的不止追求，人可以獲得一切美德的原故！又追求的方法有無數種，聖人為了使人容易把握，指點出一切方法共同具有的一種本質，那就是「專一」！

【辨】

凡人之學，謂之曰務外遺內，謂之曰玩ㄨㄢ物喪志者，以其不反而求諸理也，求諸理，又豈有內外之可言哉！在心之理，在物之理，一也，猶之器受日光，在彼在此，日則一也，不能析之而為二，豈待合之而始一也。

【譯述】 一般人求學，往往因為他們不能深刻反省，明察事理，所以時常對現實中繁雜多變的事物，弄不清楚它們之間的關係，和它們對人生有什麼價值，於是每天雖然忙來忙去，可是到頭來，在生命的內涵與智慧的增進上，卻沒有什麼可觀的地方！甚至因爲一時糊塗，迷戀上某種嗜好，而喪失了志氣，其實只要他們能夠多反省自身的心性，與事物的道理互相印證，就可以發現，外在現實中各種事物之間的道理，人心中都原本具備着，只要肯去思考、肯去反省，就都會呈現出來的，就好像物體被陽光照射到的時候，物體上的光和太陽源源不斷發出來的光，都是同樣的光，不能說它一個是正從太陽發射出來，一個是曬在物體上，就說它是兩種不同的光！更不用故意去使它合而爲一了！

【論學書】

1. 自昔聖賢兢兢業業，不敢縱口說一句大膽話，今却不然，天下人不敢說的話，但是學問中人說，以心性之虛，見爲名教罪人者多矣！

【譯述】從前聖賢們做學問，總是小心謹慎，不敢隨便說些沒有根據、不負責的大話？如今却不同了，天下人都不敢隨便說的大話，偏偏就只有讀書人敢說？說實在的，如今讀書人中，由於心中沒有對心性真正確實的體認與心得，却任意亂說，而壞了讀書人名聲的人，的確不少！

2.不患本體不明，只患工夫不密；不患理一處不合，惟患分殊處有差；必做處十分酸澀，得處方能十分通透！

【譯述】我們不要怕對人性不能透徹地了悟，只怕在修養的過程中不夠努力，只要努力得徹底，自然有了悟的一天！我們也不怕在大觀念上沒有正確的把握，只怕我們沒有毅力在廣泛的文化領域裏面從事開拓！只有當我們在努力實踐的過程中十分辛苦，所獲得的智慧才會十分通透！

3.人生處順境好過，却險；處逆境難過，却穩。世味一些靠不著，方見道味親切，道味有些靠不著，只是世味摻和，兩者推敲，儘有進步，若順境中，一切混過矣！

【譯述】人生如果總是一帆風順，家世好，背景好，什麼事都有人幫忙，安排得好好的，這種生活，雖然容易過，可是因爲沒有遭遇過挫折與苦難的磨鍊，所以生命的內涵往往不夠深刻，同時少了一種堅韌的毅力，一旦遇到不如意的事，因爲沒有處理它的經驗，就容易失敗得很慘！相反地，人生如果遭遇坎坷，多歷痛苦與折磨，雖然過的日子很苦，可是往往能鍛鍊出堅強的意志與豐富的智慧，久了之後，縱然遇到再大的困難，也能面對它，想辦法去克服難關！另外飽嚐生命痛苦的人，往往能徹底看透一切現實與人性，覺悟到在現實中，人的生命永遠找不到真正永恒與徹底的安慰，於是能夠將生命向上提昇，而傾向於一種崇高的理想世界，並追求一種完美的道德生活方式！如果能對這兩種不同的人生境界加以仔細思考，自然會對自身的識見有所增進！同時，如果人總是處於順境中，甚至連這種分辨考慮的機會都會失去的！

4.爲己之根未深，怒於毀者必喜於譽！卻是平日所爲好事，不過欲人道得一個好，於自己的性分都無干涉！

【譯述】求學的人，如果還沒有下定決心，確定求學的目的，是爲了增進自身的生命智慧，那麼對於別人的批評會感到不高興的人，一定也會對別人的讚美而感到高興！這樣一來，這種人平日所做的一些合乎美德的好事，很可能只不過是想要博得人家對他的稱讚罷了，對自己的生命內涵卻沒有多少增進！

5.躬行君子，聖人所謂未得者，要形色純是天性，聲爲律，身爲度，做到聖人，亦無盡處，所以爲未得！故不悟之修，只是粧飾；不修之悟，只是見解！二者皆聖人所謂文而已，豈躬行之謂哉！

【譯述】真正能夠努力過一種嚴格自律生活的君子，聖人稱他是沒有真正獲得「全部」真理的人！因爲真正獲得「全部」真理究竟的人，必須徹底做到再沒有一絲一毫的私慾，再沒有一時一刻的猶疑與恐懼，能與大自然一樣，廣大包容一切人、一切事、一切物！卽使是聖人，恐怕也不敢說「完全」做得到，而不會偶而有些微的欠缺！所以說是沒有獲得「全部」的真理！所以心中對一件事理沒有真正在觀念上領悟通透以前，只是照着去做，那只是學做個樣子而已！心中雖然有所領悟，可是不能踏實地照着做去，那只是又多了一種知識上的見解罷了！這兩種情形，都是聖人所謂一種「好的模樣」，又那裏算得上是嚴格自律呢？

【雜著】

1. 姚江之弊，始也掃聞見以明心耳，究而任心而廢學，於是乎詩、書、禮、樂輕，而士鮮實悟！始也掃善惡以空念耳，究且任空而廢行，於是乎名節忠義輕，而士鮮實修！

【譯述】王陽明先生的姚江學派，門人弟子衆多，流傳到後來，良莠不齊，漸漸產生了弊端。起初陽明爲了要讓學者能夠真正明白認識到自己的良知本性，於是掃除一切道聽塗說、似是而非的觀念與知識，那知道到了後來學者們漸漸誤解了陽明的用意，開始整天空談心性，而不再勤讀書了，於是輕視詩、書、禮、樂這些做爲一個追求生命的人所必須的基本經典著作，並且對心性方面也沒有多少真實的領悟；陽明起初又爲了掃除學者心中的雜念，於是教學者暫且將是非善惡的分別心給收起來，那知道到了後來，學者們也誤解陽明的用意，只知談些空靈的境界，而不再踏實地去實踐了！於是從此開始輕視名譽、氣節、以及忠誠、信義這些美德了！而實際上又沒有真正在空靈的境界上，修行到多高的程度！

2.覺者心也，敬者身也，今人四體不端，見君子而後肅焉端焉。所以不安者，非由見君子而然，其性然也，見君子而性斯顯耳！

【譯述】「覺悟」是指心的功能，「誠敬莊重」是指自身日常生活中的行爲，因爲覺悟到種種是非之後所表現出來的正確態度！如今有人行爲不檢，見到有德君子之後，往往心中感到不安，而自動將放縱的行爲收斂起來。他們所以會心中感到不安，倒不是完全因爲見到有德君子，受到感化，而是說他們本來的天性中就具備了向善的可能，只是平常沒有加以發揮，現在見到君子，受到他們善良品德的激發就顯現出來了！

【講義】

人果能見得天理精明，方見得人欲細微，一動於慾，便礙於理，如雨造然！遂內自訟，一訟則天理常伸，人欲消屈，而過不形於外矣！故曰：「見性斯能見過，見過斯能復性！」

【譯述】人只有在真正見到天理絕對完美的理想性確有可能在人的身上實現時，才能真正自覺到欲望在人的內心中糾纏得有多麼深刻與細膩！也只有在這種情形下，每當我們心中一有欲望興起時，立刻就能反省到與天理相違背，就如同兩個極端，於是在內心中天理與人慾複雜地糾結在一起，靠我們去選擇，而真正具有理想的人，通常都能選擇天理，而打消人欲的念頭，使得由於私慾而可能造成的過錯不會真的發生。所以說：「曾經真正體會過人性本善的人，才有可能真正知道自身的過錯；又唯有能承認自身犯錯的人，才能有機會改過向善，回復天生善良的本性！」

【會語】

1. 人要於身心不自在處，究竟一個著落，所謂困心衡慮也；若於此蹉過，便是困而不學！

【譯述】人活着，要在身心空虛徬徨的時候，爲自身找出一種生命活下去的意義，振作起來才行！如果在這種關頭頽廢下去，就是一種自我放棄。

2. 問言性，則「故」而已矣之「故」？曰：「故者，所謂原來頭也！只看赤子，他只是原來本色，何嘗有許多造作！」

【譯述】有人問道：「古人討論人性的時候，說只不過『故』而已！請問先生這個『故』字是什麼意思？」先生答道：「所謂『故』，是說天生人性，起初與自然一般純樸天真的意思！你如果觀察孩童們的思想行爲，就可以發現他們所表現的就是最純樸、最原始的人性，那就是一種天真！因爲他們沒有受到太多現實中人情世故的汚染，所以不會虛僞裝假，不會裝模做樣！」

3.氣節而不問學者有之！未有學問而不氣節者！若學問不氣節，這一種人爲世教之害不淺！

【譯述】沒有讀過書，而能夠有操守的人是有的！可是有學問而沒有操守的人却少很看到！如果有的話，這種人一定爲害社會不淺，因爲他們利用他們的知識與學者的身份，做起惡來，極容易蒙蔽世人，混亂了是非標準，讓人難以提防！

4.學問並無別法，只依古聖賢成法做去，體貼得上身來，雖是聖賢之言行，即我之言行矣！曹月川看他文集，不過是依了聖賢實落行去，將古人言語，略闡發幾句，並無新奇異説，他便成了大儒，故學問不貴空談，而貴實行也！

【譯述】做學問沒有什麼捷徑，只有依着古代聖賢所曾走過的路，再由自身同樣艱苦地去走一回罷了！這樣前人留下的心得，就是我們自身的心得了！像曹端我們看他的文集，也只是依着從前聖賢的心得，切實在自己日常生活中照着做，偶而有了心得，也只不過用他自身那個時代的語言文字，解釋幾句，並沒有什麼標新立異的地方，可是他就成了當代的大儒！可見學問不注重空談理論，而著重在切實去做才是！

5. 問：「劉誠意先曾出仕，而後佐太祖，何如？」曰：「焉有天生真主，爲天下掃除禍亂，旣抱大才而不輔之者乎？誠意之差，差在前此之輕出！」

【譯述】有人問道：「本朝開國功臣中，軍師劉伯溫早先曾經幫助過別人，後來才輔佐太祖打天下，不知先生認爲他這種先後事奉二主的行爲如何？」先生答道：「天下那裏有人自己懷抱大才，又遇到真命天子正在爲天下百姓平亂造福的時機，却不肯去幫忙的道理！劉軍師的錯誤倒不是因爲他事奉二主而看起來不忠，而是他前面一次幫助別個不是真命天子的人時，出馬得太早了一點！」

蕺山學案

劉宗周

現在我們要進入本書的最後一章，也是明代儒家學者中，最後一位傑出有成的重要人物，他就是劉宗周先生。

劉宗周字起東，號念臺，浙江山陰人，因爲曾經講學於蕺山，所以又稱他蕺ㄐㄧˊ山先生，明神宗萬曆二十九年（西元一六〇一年）先生二十四歲中進士，上疏神宗討論國家的立國根本，其中有一段勸神宗對東林書院的知識分子，不要鎭壓得太厲害，因爲他們雖然批評朝廷的種種行政措施，可是到底他們也是爲了國家好才批評的！又曾經檢舉過宦官魏忠賢等奸人。後來告病回鄉，朝廷屢次徵召，先生力辭不出，被認爲「高傲自大」，革職爲平民！等到明朝最後一任皇帝明思宗即位之後，才又召先生爲官，此時明朝國勢已衰，思宗力圖振作，對於貪官汚吏嚴加懲辦，可是由於執行的方式太過嚴厲，並且急於求功，有時往往錯抓了好人，或者只有一點點小過錯就制處重刑，弄得全國官吏，人人自危，整天小心謹愼，生怕犯錯，抱著多做多錯，少做少錯，不做不錯的心理，反而使政事變得更壞！先生認爲這種手段不足以拯救大局，而勸思宗先從領導人物自身內心的品德修養改革起，但却被認爲是迂腐而不切實際的想法。

崇禎二年，清軍攻陷長城喜峰口，長趨直入，北京地區戒嚴，思宗懷疑大臣不能爲國事盡力，開始親信宦官，先生說道：「今天國勢已經淪到這種地步，要救危存亡，首先必須對天下表示改革圖強的誠意與決心！皇上如果能以親信宮中人的態度，同樣對待朝廷上的大臣；能以重視武將的心情來看待文官，那麼太平的日子可能還有重來的一天！」然終被認爲不能救急而不被採用。先生於是請假回鄉，但不久又被思宗召回，思宗問先生道：「如今國家危急萬分，對於人才、糧餉、流寇這三件事，究竟該怎麼辦呢？」先生答道：「天下本來人才很多，並不缺乏，只是皇上求好心切，認爲一個人好，立刻重用，但是一不如意的時候，立刻辭退，這樣自然令真正的人才都自愛自重，不肯輕易出來做官，爲國家效力了！糧餉方面，國家的賦稅本來就太重，現在天下大亂，制度破壞，官吏貪污，巧立名目，向人民收稅，然後放進自己口袋裏面，逼得老百姓再也無法活下去，只好去做盜匪，老百姓都做了盜匪，田地沒有人耕種，工作沒有人肯做，國家所須要的糧餉，又要從那裏來呢？並且從這裏我們可以知道，流寇本來也是國家的子民，只要能對他們好好加以安撫，使他們能平平安安的活下去，自然就不會作亂了！」思宗接著又問有關軍事方面的事，先生回答道：「據臣所知，要能抵禦外患，首先還是要從朝廷內政改革做起！」思宗聽了之後，認爲這些話都不能立刻解救迫在眼前的大患，轉過頭對站在旁邊的大臣們說道：「劉先生真是個讀書人，所說的辦法沒有一樣是實際的！」派先生去工部（工程部）做事。先生雖然得不到皇帝的信任，可是仍然關心國事，時常對政治上的弊病向思宗報告，他說道：「皇上現在最好能立刻下一道詔書，誠懇地對天下百姓解釋過去所以引起盜匪民變不斷發生的真正原因，以及如今願意改革的決心，另外派遣大臣，多帶錢糧，巡視全國，當招撫大臣，專門撫恤那些生活過不下去而流亡四方的窮人；再派大軍駐守各處險要關口，招降各地的流寇，只殺首惡，餘者不究！相信這樣可以不流血就平定亂事！」思宗見了這篇報告之後非常生氣，過了許久才平息下來，並且降旨各大臣，以後談論國家大事的時候，必須體察國家當前的局勢，不要只會歸罪於朝廷。先生見思宗終究不能徹底反省亂事的根本原因，只想將眼前的難關應付過去就算了，不能從長遠打算，於是再三請辭，思宗也答應了。先生在回鄉歸途中，再寫了一封信給思宗，評論朝中重要大臣的品德與能力，因爲不合思宗的意，又被削職爲民！然而思宗雖然好幾次都不能真正用先生，但對先生的忠心也能體會得到，常在上朝的時候嘆道：「像劉先生這樣敢說真話勸我的大臣，也只有他一個了吧！」不久又召用先生。先生以為天下治亂與衰，必須依循天理正道慢慢去做，凡是用急功近利的手段，而想要國家長久治安，那都只是一些苟且偷安的心態在作怪！

先生到了京城，被任命為左都御史（相當於監察院長），思宗召見，問職責所在？先生答道：「御史的職責是先端正自己，再端正百官！必須自己的品德學識都非常優秀，能夠上對得起君父，下足以面對天下讀書人，然後才足以讓百官效法！這些做得到，接著還有一項重要的任務，就是到四方去巡視訪察，如果能夠為國家找出真正的人才，則可以使賢能的人在位，賢能的人在位，百姓生活自然安定富足了！」

不久京城又宣佈戒嚴，先生上書言道：「皇上一身繫天下之安危，遇到危機，應當鎮靜處事，安詳應變。」又在朝廷中對思宗說道：「十五年來，皇上處理國事不當，才有今天這些禍亂，如今不檢討禍患的根源，趕快加以改革，還是想用拖延的辦法，不敢面對事實，這樣下去，絕對不是國家興盛的現象！」思宗聽了，臉色都變了，說道：「從前已經過去的事，不用再提了，現在跟以後的事究竟該怎麼辦才好？」先生答道：「如今最先要做的，就是皇上先要對天下百姓開誠心，布公道，堅定人民對政府的信心！」思宗又問：「如今國家已經敗壞到極點，要如何整頓？」先生答道：「最近討論國事的人都認爲救國先重才幹，次重品德，其實他們不知道真有才幹的人，一定是那些真有品德的人！自古以來，從來沒有聽說過一個人的操守不良，而遇到大事的時候能勇往直前，負責擔當大任的！也沒有那個將領是操守不良，而能真正帶兵的！」思宗說道：「現在國家情勢危急，用人的時候先挑才幹，後看操守！」先生回道：「就是救急的時候，更要先挑操守好的才行！就像前一陣子督師帶兵的范志完，操守不良，是用賄賂才升的官，所以三軍將士都不服他，不肯盡力，造成慘敗，不就是例子嗎？」思宗聽到這裏臉色才稍微和緩下來。先生又利用這個機會說道：「皇上現在正是在鼓勵人民多說真話，要讓政府與民間的觀念能夠多溝通的時候，而朝臣中却有人因爲說錯了話而被逮捕起來，關到特務機關裏面去的情形，即使他們真的罪有應得，也應該交給正式的司法機關去審理，現在動不動就將大臣送到特務機構去，顯然國家沒有正常的體制！」思宗聽了怒道：「我是皇帝，處罰一兩個臣子，有何不可?!爲什麼就破壞了國家的體制?!難道他們真的有貪贓枉法，欺君罔上的行爲，都不要管了嗎？」先生答道：「就算有罪也要交給正式的司法機構審判，不可以隨便動用特務機關的人來刑求！」思宗聽了大怒，又將先生革職爲民！

又過了幾年，流寇李自成攻陷北京，思宗上吊自殺，鎭守山海關的總兵吳三桂又開關放清兵入長城，首都北京終於淪陷在異族手裏，福王朱常洵在南京卽位，繼續明代的法統，再度召用先生，詔書再三敦迫，先生始受命，上言給福王說道：「今日國家大計，除了發兵討賊復仇之外，無法表示陛下渡江南下的用心！又除非陛下決心親征，決不能再振作起天下忠臣義士的士氣！，偏安江南不足以自存，還請陛下早日做北伐的打算。鳳陽號稱中都，陛下北伐的時候，請御駕駐紮在此，先立下規模，然後才可以處理政事！」然而福王不但不能用先生之謀，反而任用奸臣阮大鋮，並且下詔徵選天下美女入宮侍候。先生知國之將亡，再也無能爲力，憤然引退。

不久清軍攻下南京，接著浙省亦降！先生痛哭道：「現在是最後一刻來臨的時候了！雖然身不在位，不必與城共存亡；但是以一個國民的身份來說，難道不應該與國土共存亡嗎？君臣之間講道義，還是要靠情感來維繫，沒有情感的道義是不長久的；父子間的親情，固然無法忘懷，君臣之間的情義也是無法忘懷的吧！」絕食二十天後終於去世！享年六十八歲。

先生少小孤苦，最先跟外祖父讀書認字，長大之後從許敬菴先生求學。先生的學問深得儒家真傳，是本書作者黃宗羲先生的老師。

現摘錄先生的著作於後：

【語錄】

1. 有不善未嘗不知，是謂良知；知之未嘗復行也，是謂致知。

【譯述】每當自已心中的意念或者所做的行爲有了不對的地方，心中多多少少都能自覺到，這就證明每個人心中都有著艮知；而一旦知道錯了之後，就督促自已改過，從此不再犯同樣的錯誤，這就是艮知充分發揮了它的作用。

2. 凡人一言過，則終日言皆婉轉而文此一言之過；一行過，則終日行皆婉轉而文此一行之過，蓋人情文過之態如此，幾何而不墮禽獸也。

【譯述】一般人如果說錯話，自已知道了之後，心中不好意思，多半這一整天會利用其他說話的機會，說些自我解嘲的話，來加以掩飾彌補；如果是做錯了一件事，也多半會在隨後的行爲上，盡量小心注意，順著別人的意思做，好取得別人的同情與諒解。這都是因爲一般人的心理總是好面子，怕被人笑話，所以有了過失的時候，就想盡辦法來掩飾，或者裝出一付值得被人同情的樣子，而不能正面承擔自身所犯錯誤的責任！如果人都是這樣子下去，恐怕就要變得和其他動物一樣了吧！

3. 心無物累便是道，莫於此外更求道，此外求道，妄也，見爲妄見，思爲妄思，有見與思卽與消融去，卽此是善學。

【譯述】 心中能夠不被任何事物或念頭所糾纏的話，那就算是在追求生命過程中一種極高的成就了。其實這就是追求生命的真正目的吧！除此之外其他的追求，就算追求到手，恐怕也沒有多大的意義。能夠有此見解，並持續努力下去，可以稱得上是懂得追求生命的人了。

4. 才認己無不是處，愈流愈下，終成凡夫；才認己有不是處，愈達愈上，便是聖人。

【譯述】認爲自己一切都對的人，必定因爲驕傲而不肯虛心學習，所以永遠不會進步，終生都是個凡夫俗子；承認自己有不對的人，因爲肯虛心反省，向人求教，所以一天比一天進步，日漸上達到聖人的境地。

5. 小人只是無忌憚ㄉㄢˋ，便結果一生；至大學止言閒居爲不善耳，閒居時有何不善可爲？只是一種懶散精神，漫無著落處，便是萬惡淵藪！正是小人無忌憚處，可畏哉！

【譯述】小人只因爲從來不曾觸及到任何一些真正屬於生命裏面深刻的事物，所以對什麼事情都馬馬虎虎，不曾仔細鑽研過，於是就這樣糊裏糊塗的將一生給混過去了！大學一書中說道：「小人平日不做正經事，專幹些壞事。」平常他們做的是些什麼壞事呢？其實他們的生活，在本質上只是一種懶惰散漫，沒有追求的方向與目標，然而正因爲如此，精神沒有寄託，活力沒有發洩，於是到處遊手好閒，惹事生非，許多罪惡就從此產生了。這正是小人內心空虛的一種表現，也是人的一種悲劇！

6.古人恐懼二字，常用在平康無事時，及至利害當前，無可迴避，只得赤體承當。世人只是倒做了！

【譯述】古人常在平常沒事的時候，提醒自己要小心謹慎，別讓心中產生邪念；等到有事情發生，面臨利害關頭，一定要自己做抉擇的時候，就根據道義承擔起自己應負的責任。而如今世人却正好相反，在面臨利害關頭的時候，藉口做事要小心謹愼，於是藉故推拖自己的責任，而只想要獲得利益。

7.人心如穀種，滿腔都是生意，欲錮之而滯矣，然而生意未嘗不在也，疏之而已耳；又如明鏡，全體渾是光明，習染薰之而暗矣，然而明體未嘗不存也，拂拭而已耳。惟有內起之罪，從意根受者不易除，更加氣與之拘，物與之蔽，則表裏夾攻，更無生意可留，明體可覩矣，是爲喪心之人，君子惓惓於謹獨以此。

【白話試譯】人心就好像稻穀的種子一樣，充滿了欣欣向榮的創造潛能，可是由於私慾的妨礙，使它不能儘情地發揮積極的作用，然而這種生長的潛能並不是眞的消失了，只是暫時被蒙蔽住，只要能將私慾的阻塞給打通就行了；另外又好像明亮的鏡子一般，心地本來是光明磊落的，只是後天養成的許多壞習慣，使它變得暗了，然而光明的本心並沒有不見，就像鏡子給灰塵遮住了，使它暫時失去照明的功能罷了，只要能經常擦拭它，就能恢復過來。所以惟有從內在心靈深處所起的邪惡念頭，因爲它是和整個人的生命糾結在一起，所以不容易除去，再加上外界種種現實的刺激與干擾，內外夾攻，內心的一點靈明就更不容易保存了。這種人可說是已經喪心病狂了，所以君子時時刻刻小心謹愼，就怕心中意念初起時會走向邪惡的方向，原因就在於此！

8. 省察二字，正存養中喫緊工夫，如一念於欲，便就此念體察，體得委是慾，立與消融而後已。

【譯述】 在追求生命的過程中，要有能力對自身的各種思考與行爲再加以反省，只要察覺有任何念頭涉及私慾，就要立刻將它忍耐下來。

9. 心放自多言始，多言自言人短長始。

【譯述】一個人養成懶散不專心的毛病，通常都是先由喜歡多嘴多舌亂說話開始的。而多嘴的習慣，通常又都是因爲平常喜歡在別人背後論長論短而養成的。

10.大學首言「明德」，又繼之曰「止於至善」，蓋就明德中指出主宰，有所謂至善者，而求以止之，止之所以明之也。

【譯述】大學一書中，一開始就強調人在追求生命的過程中，要讓良知本性發揮呈顯出來；然後下面又接著說必須要達到充分徹底的程度才行。其目的是爲了從良知本性中指點出一個明顯的標準，必須要達到充分徹底的程度，決不可以半途而廢，因爲唯有「止於至善」，才是真正的道德的完全實現！

【會語】

1.爲學莫先於辨誠僞，苟不於誠上立脚，千修萬修，只做得禽獸路上人。

【譯述】在生命追求過程的一開始，首先必須自我反省：「我的理想是否真實?!我是否能夠徹底追求下去?!」如果答案都是否定的話，那麼儘管學習得再多道理，只因爲一開始用心偏了，做出來的行爲一定不合於正義。

2.祁世培問：「人於生死關頭不破，恐於義利尚有未淨處。」曰：「若從生死破生死，如何破得。只從義利辨得清、認得真，有何生死可言，義當生自生，義當死自死，眼前只見一義，不見有生死在。」

【譯述】 祁世培問道：「人活著，如果對於生命與死亡的意義不能真正瞭解的話，那麼在日常處理事物的時候，對於公義與私利恐怕就不大容易明辨清楚了。」先生回答道：「如果僅只從生命與死亡本身去瞭解它們的意義，人是永遠不能真正徹底瞭解的！然而做人只要能把公義與私利分辨得清楚，生死對我們來說往往也就無關緊要了！如果照公義看來，我們應當活下去，那麼自然要努力地去求活！如果照公義看來，正是犧牲的關頭到了，那麼自然去從容赴死！眼前所見只有在公義上應該不應該做，而不必去管它生與死！」

3.問：「格物當主何說？有言聖賢道理圓通，門門可入，不必限定一路。」先生曰：「畢竟只有愼獨二字，足以蔽之。別無門路多端可放步也。」

【譯述】有人問道：「研究各種生命的學問，依照那一種說法才最好呢？有些人認爲聖賢傳下來的道理，充滿了智慧的結晶，每一位的敎法都適合讓學者學習，不必拘束在那一門那一派，不知道這種看法正不正確？」先生說道：「畢竟只有『在心意初起時，就小心謹愼地分辨它是屬於天理還是私慾』這種方法，最足以代表一切，因爲每一位先聖先賢的道理，都是他們在生命的歷鍊過程中，經由這種時時自我反省的工夫，才得出來的結論。」

4. 問：「三教同源否？」曰：「莫懸虛勘三教異同，且當下辨人禽兩路。」

【譯述】有人問先生：「儒家、佛家和道家三種學說，他們的道理在最基本上是不是相同的？」先生告訴他道：「你現在自身對生命的學問還沒有眞正的實踐與體認，不要先憑著一些空泛的想像，就先急著去分辨三家學說有什麼不同或相似的地方，暫時還是先定下心來，分辨之所以使得人與禽獸有所分別的公私義利吧！」

5. 古人成說如琴譜，要合拍須自家彈！

【譯述】古代聖賢用文字留傳下來的道理，就好像彈琴的樂譜；要學做聖賢，就必須像學彈琴必須親自照著樂譜上的節拍去彈一樣，親身照著聖賢的道理去做才行。

6. 世人無日不在禽獸中生活，彼不自覺不堪當道眼觀，今以市井人觀市井人，彼此不覺耳。

【譯述】 人活著，幾乎絕大多數的人都沉淪於現實的慾望當中像禽獸一般只憑動物本能而生活，而不能望見那種心靈大自由而解放的境界！然而現實中的人們彼此相視對方的生活方式與心態，既然都差不多，和自己一樣，於是就都能安然地繼續活下去了。

7. 問：「先生教某靜坐，坐時愈覺妄念紛擾，奈何？」曰：「待他供狀自招也好，不然，且無從見矣。此有根株在，如何一旦去得！不靜坐，他何嘗無，只是不覺耳。」

【譯述】 有人問道：「先生教我要練習靜坐，以便去除妄念，可是當靜坐的時候，反而覺得妄念一個接一個的不斷起來，好像比平常還要多似的，這該怎麼辦呢？」先生回答道：「你能夠說得出來這番話，倒還不錯。不然的話，你連你平常有妄念都還不知道呢！要知道妄念平日深種在我們心中，那能夠才一靜坐，就都除去了呢？你平日不曾靜坐，又何嘗沒有妄念，只是日常生活中，外界的干擾與刺激太多了，你不覺得罷了，一旦靜坐下來，外界的刺激小了，於是你就感覺到心中的妄念了，並不是因爲靜坐而使得妄念多了起來。」

8.先生嘆曰：「人謂爲人不如爲己，故不忠，看來忠於己謀者亦少，如機變，如蠢愚，如欺世盜名，日日戕ㄑㄧㄤ賊此身，誤認是佔便宜事。」有友問：「三代之下，惟恐不好名，『名』字恐未可抹壞。」王金如云：「這是先儒有激之言，若論一『名』字，貽禍不是小小。」友謂：「卽如今日之會，與來聽者，亦爲有好名之心，卽此一念，便亦足取。」先生曰：「此語尤有病。這會若爲名而起，是率天下而爲亂臣賊子，皆吾輩倡之也，諸友裏足而不可入斯門矣。」友又謂：「大抵聖賢學問，從自己起見，豪傑建立事業，則從勳名起見，無名心，恐事業亦不成。」先生曰：「不要錯看了豪傑，古人一言一動，凡可信之當時，傳之後世者，莫不有一段真至精神在內，此一段精神，所謂誠也。惟誠故能建立，故足不朽，稍涉名心，便是虛假，便是不誠，不誠則無物，何從生出事業來。」

【譯述】 有一天，先生與一些朋友聚會，同時有許多學生在一旁，先生忽然感嘆道：「現在人都認爲與其爲別人設想，不如爲自己打算的好，所以都養成一種自私的心理，其實這些人，也不見得真正能爲自身好好設想一番，總是做些投機取巧，欺騙社會大衆，博取一些不該得的好名聲的傻事，天天都在損害自己善良的本性，還自以爲佔了便宜！」有一位先生的朋友問道：「自古以來，大概沒有人不好名的，所以說人雖然應該要謙虛一點，可是『名聲』這個東西，也不見得就真的不好，不該太輕視它。」王金如（當時同在場的一位先生）說道：「『欺世盜名』這句話，是前輩學者用來激勵世道人心的話。如果真的說到愛好出名這回事，它只會令人羨慕虛榮，而不肯脚踏實地的去追求，所以對於學者用功來說，影響可是不小！」剛才那位朋友聽了又接著說道：「可是像今天我們這個聚會，有不少年輕的學者來旁聽，他們不也是因爲慕名才來的嗎！他們這種想要見識一下著名學者的念頭，不也有可取的地方嗎?!」先生說道：「這句話實在有語病！如果今天這個聚會，是大家爲了要出名才來的話，那麼真是敗壞了天下讀書人的風氣，將來大家做了壞事，都是我們提倡的了！這樣還不如各位從此不要再來了吧！」這位朋友聽了，竟然又說道：「大致上說起來，求做聖賢，要自身對生命發生了疑問，要求一個徹底的解決，才開始有追求的過程；但是豪傑建立他們的事業，却是從想要獲得偉大的功勞和名聲開始的！如果沒有能夠獲得偉大的功勞和名聲的希望一直在背後支持著，恐怕他們也不見得就能建立什麼事業吧！」先生聽了說道：「你可不要隨便小看了古往今來的豪傑！從前人的一言一行，凡是能夠在當時深深打動人心，而一代一代留傳下來的，都一定有他們足以感動人的精神存在於其中的！而這種感人的精神，就是一種生命對理想追求到底的決心！就因爲這種對於理想追求到底的熱忱做基礎，才會有現實中種種的事業建立起來，也才足以使這些事業留傳到後世！如果當時那些豪傑們有一絲一毫想出鋒頭的心意，那便是虛僞，虛僞的人什麼事都做不成的，更何況要建立一番事業，那真是談何容易啊！」

9.問：「無欲而後可言良知否？」曰：「只一致知便了！所謂無欲，只是此心之明；所言有欲，只是此心之昧。有欲無欲，止爭明昧，但能常明，不必更言無欲。」

【譯述】有人問道：「心中沒有私慾的時候，是不是就都是良知本性了呢？」先生答道：「只要能讓良知本性隨時充分發揮出來就行了！所謂沒有私慾，只是因為心中的良知本性得以呈現；所謂有私慾，只是因為心中的良知本性被蒙蔽了！一個人有沒有私慾，完全看他心中的良知是呈現還是蒙蔽，只要能經常使良知本性充分發揮它的作用，不必再去分心管他有沒有私慾！」

10. 先生曰：「浮雲不礙太虛，聖人之心亦然，真是空洞無一物，今且問如何是太虛之體？」或曰：「一念不起時！」先生曰：「心無時而不起，試看天行健，何嘗一息之停，所謂不起念，只是不起妄念！」

【譯述】先生說道：「宇宙廣大無邊，包容一切，浮雲在天空中飄盪，對於整個宇宙來說，實在不構成任何妨礙；聖人的心胸也是如此，光明磊落，不被任何事物所困擾糾纏！現在我暫且問各位，什麼才是聖人光明磊落的胸襟？」有一位學生答道：「心中什麼念頭都不起的時候！」先生答道：「人的心中，隨時隨地都有念頭生起，就像宇宙間四季的變化，星辰的運行，一刻都不止息一樣。所謂不起念頭，只是說心中不起荒唐邪惡的念頭罷了。」

11. 先生儆ㄐㄧㄥ諸生曰：「爲不善，却自恕無害，不知宇宙儘寬，萬物可容，容我一人不得！」

【譯述】先生告誡他的學生，說道：「我們人偶而做錯了事，那是難免的，可是一定不要自己騙自己，做了壞事，反而安慰自己，認爲沒什麼關係，要知道宇宙雖然廣大，包容一切，可是像這種自己欺騙自己的情形，却是絕不包容的！」

12. 肯學聖人而未至，無以一善成名者，士君子立志之說也。肯以一善成名，無學聖人而未至者，士君子返躬之義也。如爲子死孝，爲臣死忠，古今之常理，乃舍現在之當爲，而曰：「吾不欲以一善成名。」是又與於不仁之甚者也。

【譯述】一心追求成聖的理想，而還未能達成的時候，不願意因爲只做了一件善事就先出了名，這是君子應有的志氣！然而志氣雖然是志氣，要能實際做到却很難，所以君子在實際追求理想的過程中，往往雖然未能成聖，却也因爲做了一兩件值得讚美的善事，而傳出了好的名聲；這同時也是人所能實際掌握的部份。除此之外，我們千萬不能拿前面所說的志氣當做藉口，什麼事都不做！比方說，做子女的應該盡孝，做臣子的應該盡忠，這是古今通行的大道理，縱然要我們犧牲性命，也是應該的，如果這時我們不願犧牲，而藉口說道：「我不是不願意做，而是因爲我不願意爲了這一件事而出名！」那可真的失去了原來立志的宗旨，而淪落爲禽獸一般的地步了。

13. 無事時，只居處恭便了。

【譯述】 平日閒居無事的時候，心中也要存著誠敬的念頭，不可就放輕鬆了！

14. 心中無一事，浩然與天地同流。

【譯述】 當心中沒有任何現實的計較與糾纏時，胸襟廣闊，精神上揚千萬里，似乎整個人就和宇宙相融合了一般！

15. 先生曰：「觀春夏秋冬，而知天之一元生意，周流而無間；觀喜怒哀樂，而知人之一元生意，周流而無間。爲學亦養此一元生生之氣而已。或曰：「未免間斷耳！」先生曰：「有三說足以盡之——一、本來原無間斷。二、知間斷卽禪續。三、此間斷又從何而來？學者但從第三句做工夫，方有進步。」

【譯述】 先生說道：「我們觀察大自然中四季的運行，年復一年的循環不已，永無間斷，這可以說明宇宙中有一種生生不息的力量潛藏著。另外我們又觀察人的喜怒哀樂種種情感的流露，也是日復一日的在運作著，永無停止，這也可以說明人的心中有一種生生不息的力量，在支撐著我們活下去。而我們求學的主要目的，就是在培養這種生生不息的活力，使它充沛飽滿，隨時可以使我們繼續努力，追求理想，忍受痛苦，好好活下去！」這時有一位聽講的學生問道：「就可惜有時難免會間斷了！」先生回答道：「有三種說法可以回答你的問題——第一、這種生生不息的活力，其實根本沒有間斷，只是你自己蒙蔽了自己，沒有專心注意罷了。第二、就算真的有了間斷，你既然能夠自覺到，就立刻去接續它，使它不再間斷，不就成了嗎?!第三、你說它會間斷，又能自己感覺到，那麼我問你：這種間斷又是如何造成的呢？真正追求生命理想的人，只有從第三點開始著手，藉此自我反省，才會有進步！」

16. 先生曰：「學不外日用動靜之間，但辨真與妄耳。」或問：「如何爲真？」先生曰：「對妻子如此說，對外人却不如此說；對同輩如此說，對僕隸却不如此說。卽所謂不誠無物，不可以言學。」

【譯述】先生說道：「學問不只是書本上的死知識，必須活用在日常生活當中，至於活用得適不適當，是否合於道理，就看我們心中的意念，到底是真實還是虛妄！」有一位同學於是問道：「怎麼樣才能算是真實呢？」先生答道：「一件事，對自己的妻子是這樣子說了，換了對外人却是另外一種說法；對自己同輩份的朋友們是這樣子說了，換做對家中的僕從却又是另外一種講法。這就是不真實，所謂不真實就一事無成，更不用談做學問了。」

17. 先生曰：「心須樂而行惟苦，學問中人，無不從苦處打出。」

【譯述】 先生說道：「追求生命理想的人，在奮鬭的過程中必須心中永遠保持著希望，同時刻苦精進。因爲生命的本質，事實上就是一種忍耐痛苦，然後通過痛苦的過程。」

18. 今人讀書，只爲句句明白，所以無法可處。若有不明白處，便好商量也。然徐而叩之，其實字字不明白。

【譯述】 現在有許多學者讀書，自認爲對書上的每一句話都已經明白了，於是你簡直沒有辦法和他溝通。因爲如果他能夠承認有些地方不懂，那麼彼此之間反而好商量討論。其實這些自認無所不通的學者，等到你真正問他書上的道理，他說不定根本一竅不通，他所謂知道的，只不過是一些文字表面上的意義罷了。

19. 世言上等資質人，宜從陸子之學；下等資質人宜從朱子之學；吾謂不然。惟上等資質，然後可學朱子，以其胸中已有個本領，去做零碎工夫，條分縷析，亦自無礙；若下等資質，必須識得道在吾心，不假外求，有了本領，方去爲學，不然，只是向外馳求，誤却一生矣。

【譯述】 社會上一般人的觀念，認爲聰明才智高的人，應該從學習宋代大儒陸象山做學問的方法入手，因爲學者一般認爲陸象山的學問，著重在人自身內心的領悟；而認爲天賦較差的人，應該從學習宋代另一位大儒朱熹做學問的方法入手，因爲學者一般認爲朱熹的學問，著重在知識的考究。我認爲這兩種觀點並不恰當，相反地，惟有天資特別聰穎的人，才能夠學朱熹，因爲他天生領悟力強，心中對於生命中的各種標準都已建立起來，在觀念上也都有所體悟，然後敎他去從知識上磨練吸收，使觀念的實質內容豐富充實起來，自然不但沒有妨礙，反而會有益處。至於天賦差的人，必須先讓他從基本觀念上有所領悟，知道學問的目的，是爲了解決人活著生命中的種種困苦，而這種解決的力量，自身本就具備，只要將它發揮出來，就能發生作用，等到他胸有成竹之後，才再敎他從知識上紮根，不然，一開始就讓他去學許多外在的知識，不但令他沒有頭緒，抓不到重點，反而耽誤了他一輩子。

20. 祝淵言立志之難。先生曰：「人之於道，猶魚之於水。魚終日在水，忽然念曰：『吾當入水。』躍起就水，勢反在水外，今人何嘗不在道中，更要立志往那處求道?!若便如此知得，連立志二字也是贅ㄓㄨㄟ。」

【譯述】祝淵談道一個人要能真正立定志向，非常困難。先生於是說道：「人與天理之間的密切關係，就好像魚和水的關係一樣，一天也離不了它！比方說，魚本來整天都是待在水裡的，有一天，魚忽然想道：『我應當跳到水裡去才對呀！』於是奮力一躍，想要投入水中，那知道它本來就是在水裡面的，現在這樣一跳，身體反而躍在空中，露出水面了！這就好像我們人每天都在天理運行當中生活著，天理就在我們心中，又還用得著去立志追求嗎?!只要能明白這一層，知道天理就在心中，只要好好保存，並且盡力發揮出來，那麼連說『立志』兩個字，都是多餘的了！」

【易簣語】

王毓芝侍，先生曰：「吾今日自處無錯誤否?」對曰：「雖聖賢處此，不過如是。」先生曰：「吾豈敢望聖賢哉?!求不爲亂臣賊子而已矣。」

【譯述】王毓芝在先生身旁陪伴著，先生於是問道：「我今天的一切言語和行動，沒有犯什麼錯誤吧？」王毓芝回答道：「沒有！沒有！就算是聖賢在這裡，頂多也不過做得和先生一樣好罷了！」先生說道：「你不要把我抬得和聖賢一般高，其實我那裡敢和聖賢比呢？只求能夠不犯大錯，不要變成亂臣賊子這般奸惡的人，也就夠了！」

附錄

「明儒學案」這本書，是由明末遺老黃宗羲先生所著。全書共分六十二章(卷)一共介紹了兩百餘位有明一代儒家學者中的代表人物。這些人物，他們彼此之間，在思想學術的發展與傳承上，大都互有影響與關連，由作者將他們按照思想上不同的觀點及傳承關係的親疏，加以分類，別爲各學案；通常各學案代表一派主要思想，由最主要的一位人物爲代表，並附以他的主要門人弟子而成。但有些學派，因爲代表人物影響極爲深遠，門人衆多，因此也會因門人籍貫不同而分爲另外幾個學案。如王陽明，除姚江學案介紹他本人之外，另外王門弟子卽分爲浙中（佔五卷）、江右（佔九卷）、南中（佔三卷）、楚中（佔一卷）、北方（佔一卷）、粵閩（佔一卷）等學案，幾乎佔了全書三分之一的篇幅。

本書原文大約有三十萬字並如上所述介紹了兩百餘位人物，因此如今改寫的時候，因限於篇幅、對象、及時間的關係，僅能選取十七位較具代表性的人物來做介紹，並且依據原書之體例，卽在一篇人物之小傳以後，再附以其人思想著作之摘錄，而將學術史上的演變或義理上有所爭辨未有定論的理論性部分割愛，將欣賞重點著重在普遍人性之反省或日常生活經驗之體悟上。作者黃宗羲是明末儒學最後一位大家劉宗周（蕺山）的及門弟子，他生在一個歷代統治者中最荒唐的人物的朝代快要覆亡的時候，並眼看身爲知識分子良心的老師絕食而死，其內心之情可想而知！於是發奮收集了當時兩百餘位相對於明代宦官傳統而言，還能代表人類良知的儒家文化人集成了「明儒學案」這本書，希望多少能在面臨絕望與墮落之深淵邊緣的中國人之心靈中留下一些典型。因此我們今天重讀此書，最好能對明代之歷史背景先有一個概括的了解，相信這樣更能體會一個時代知識份子的責任與影響之重要了！這也是筆者改寫此書時，特別摘錄了七張附表之用意。

附表一：

朱元璋建立的明王朝，接替元帝國的疆域，只漠北地區不包括在內，那裡是蒙古帝國本土。明政府把全國劃爲左列的十五個行政區域。

省別	省會(省都)	今地	省別	省會(省都)	今地
南直隸	應天府	南京	四川	成都府	四川成都
北直隸	北平府	北平	湖廣	武昌府	湖北武昌
浙江	杭州府	浙江杭州	江西	南昌府	江西南昌
福建	福州府	福建福州	河南	開封府	河南開封
廣東	廣州府	廣東廣州	陝西	西安府	陝西西安
廣西	桂林府	廣西桂林	山東	濟南府	山東濟南
貴州	貴陽府	貴州貴陽	山西	太原府	山西太原
雲南	雲南府	雲南昆明			

附表二：明政府中刑事訴訟機構的地位和互相關係表

元首	中央級司法官署	首長	職掌	設立時間	性質	註
皇帝	刑部	尚書			司法機構（三法司）	司法系統
	都察院	都御史				
	大理寺	大理寺卿				
	錦衣衛	指揮使	調查及逮捕謀反妖言大奸大惡	一任帝朱元璋（十四世紀七〇年代）	軍法機構	詔獄系統（即秘密警察系統）
	錦衣衛鎮撫司	鎮撫使	對移交案件審判	同右		
	東廠	提督太監	調查及逮捕謀反妖言大奸大惡	三任帝朱棣（十五世紀二〇年代）	宦官機構	
	西廠	提督太監	調查及逮捕謀反妖言大奸大惡	九任帝朱見深（十五世紀七〇年代）		

內廠	提督太監	調查及逮捕謀反妖言大奸大惡	十四任帝朱翊鈞（十六世紀七〇年代）

刑部負責法律的制度和頒佈，管轄全國各地司法機構，有權提審它認爲不恰當的案件。都察院負責對不法事件糾察檢舉，並派遣官員（御史）分赴各地，擔任「巡撫」官職，接受人民對官吏的控訴，它也可以審理，也可以判決。大理寺類似國家最高法院，負責對前二機構的審判，作最後裁定。它們被稱爲「三法司」，是政府正規的司法系統。

附表三：

明政府初期中央政府組織表

元首	元首助理	一級機構	二級機構	性質
皇帝	宰相	中書省	吏部 戶部 禮部 兵部 刑部 工部	行政
		都督府		軍事
		御史台		監察

明政府建立之初，中央政府設立右表所列的三個機構，作爲中樞。由中書省首長，擔任宰相，作爲皇帝的助理。中書省內設立六部，負責全國行政。

附表四：明代中期中央政府組織表

元首	皇帝
超級宰相	司禮太監（宦官）
實質宰相	大學士（正五品） （華蓋殿大學士） （中極殿大學士） （謹身殿大學士） （建極殿大學士） （武英殿大學士） （文華殿大學士） （文淵閣大學士） （東閣大學士）
中樞一級機構首長	吏部尚書（內政部長）（正二品） 戶部尚書（財政部長）（正二品） 禮部尚書（教育部長）（正二品） 兵部尚書（國防部長）（正二品） 刑部尚書（司法部長）（正二品） 工部尚書（工程部長）（正二品） 都御史（監察部長）（正二品）
註	世稱「七卿」

十四世紀八〇年代，朱元璋因宰相胡惟庸謀反，卽下令撤銷中書省編制和宰相職位。擢升六部爲一級中樞機構，各部首長（尙書）直接向皇帝負責，皇帝不再設立助手，而直接向各部發號施令。另外成立一個秘書機構，稱爲「內閣」，所委派的秘書，稱爲「大學士」。大學士冠有某殿某閣字樣，以資分別，（殿閣都是宮廷中的建築物）。大學士的職位很低，只正五品，比各部首長（尙書正二品）要低三級，等於各部最低級的助理科員。

從前有宰相可以幫助皇帝，如今沒有人能爲他分擔，皇帝只有依靠內閣，命那些大學士在每一個奏章或案件上，簽註意見，寫出對該事的分析，和應如何反應的建議，甚至皇帝頒發命令的草稿，都一併擬好呈上。——當時術語稱爲「票擬」和「條旨」。皇帝卽根據這些簽註，加以批示。於是，不久之後，大權遂漸漸滑入大學士之手。大學士成爲沒有宰相名義的宰相，內閣也成爲沒有中書省名義的中書省。

內閣大學士有數人之多，並不是每一位大學士都可簽註意見，必須資格最高，深得皇帝信任的人，（往往是華蓋殿大學士，華蓋殿後來改爲中極殿），此人卽世人所稱的「首相」——首席宰相。但大學士畢竟不同於正式宰相，正式宰相可以單獨推行政令，大學士便無此權。他只能依靠「票擬」——簽註意見，來竊弄皇帝的權力，沒有法定地位。

更主要的原因是，大學士跟皇帝之間，還有一段距離。對皇帝如何裁決，是不是依照他簽註的意見裁決，甚至會不會作相反的裁決，大學士都不知道，他們也很少有向皇帝當面陳述解釋的機會。事實上，到了後來，皇帝深居宮中，不出來露面，大學士遂數月數年，或數十年，都看不到皇帝的影子。他只有依靠這種脆弱的「票擬」，維持權力。而此票擬，却要仰仗宦官轉達，並仰仗宦官在皇帝面前作補充說明。皇帝所頒發的命令，也由宦官傳遞，有時用批示，有時用口頭，宦官的權力遂日形膨脹。而皇帝和大學士之間，往往互不認識。皇帝對大學士的印象，全來自宦官的報告。於是，政府大權又從大學士手中滑出，滑到宦官之手。

附表五：明朝宦官時代主要當權的宦官人物一覽表

世紀	皇帝	宦官	職位	當權起訖	當權年數	註
15	六任帝朱祁鎮	王振	司禮太監	1435 1449	15	朱祁鎮在位十五年。
	七任帝朱祁鈺					朱祁鈺在位九年，任用于謙，全國安定。
	八任帝朱祁鎮	曹吉祥	司禮太監	1457 1461	5	朱祁鎮復辟後又在位八年。
		門達	錦衣衛指揮使	1463		
	九任帝朱見深	汪直	西廠提督太監	1477 1483	7	朱見深在位二十四年，不出見政府官員。
	十任帝朱祐樘	李廣	太監	1488 1498	11	朱祐樘在位十九年，不出見政府官員。

16	十一任帝 朱厚照	劉瑾	司禮太監	1506 1510	5	朱厚照在位十七年，不出見政府官員。
		錢寧	錦衣衛指揮使	1513 1521	9	
	十二任帝 朱厚熜					朱厚熜在位四十六年，無宦官之禍，然而任用奸臣嚴嵩。
	十三任帝 朱載垕					朱載垕在位七年，不出見政府官員。
	十四任帝 朱翊鈞	馮保	司禮太監	1572 1582	11	朱翊鈞在位四十九年，不出見政府官員。
		(諸太監)	稅監、礦監	1583 1620	38	
	十五任帝 朱常洛					朱常洛在位三十日。
17	十六任帝 朱由校	魏忠賢	司禮太監	1620 1627	8	朱由校在位八年。
	十七任帝 朱由檢	曹化淳	司禮太監	1628 1644	17	朱由檢在位十八年。

十八任帝 朱由崧	（諸太監）			1	朱由崧在位一年一月。
十九任帝 朱聿鍵					朱聿鍵在位一年四月，流亡不定。
二十任帝 朱由榔	馬吉翔	司禮太監	1647 1661	16	朱由榔在位十七年，流亡不定。

上表可以看出，明王朝幾乎每一個皇帝，都有他親信並掌握權柄的宦官。沒有特別親信宦官的皇帝，如朱厚熜，則有特別親信的貪官。

附表六：明代十五年世紀重要民變表

年代	年份	民變領袖	發生地區	註
二〇	一四二〇	唐賽兒	卸石棚寨（山東益都縣境）	
三〇	一四三七	思任	麓川（雲南隴川縣）	
四〇	一四四二	葉宗留	慶元（浙江慶元縣）	
	一四四八	鄧茂七	沙縣（福建沙縣）	
五〇	一四五三	侯大狗	大藤峽（廣西桂平縣）	戰鬪十三年才平息
六〇	一四六五	劉千斤	鄖陽（湖北鄖縣）	
	一四六八	滿四	石城（甘肅固原縣境）	

七〇	一四七〇	李鬍子	鄖陽（湖北鄖縣）	

它們都是大規模的流血抗暴，使中央政府爲之震動。

附表七：明代十六世紀重要民變表

年代	年份	領導人物	起兵地區	註
〇〇	一五〇九	藍天瑞	保寧（四川閬中縣）	
一〇	一五一〇	劉六	霸州（河北霸縣）	
		朱寘鐇	慶陽（甘肅慶陽縣）	
	一五一九	朱宸濠	南昌（江西南昌縣）	
二〇	一五二六	岑猛	田州（廣西百色縣）	
三〇	一五三三	黃鎭	大同（山西大同縣）	
四〇	一五四三	楊金英	北京	

五〇	一五五三	師尚詔	歸德（河南商邱縣）	
六〇	一五六〇	張璉	饒平（廣東饒平縣）	
七〇	一五七二	藍一清	潮州（廣東潮安縣）	據地四百公里
八〇	一五八九	劉汝國	太湖（安徽太湖縣）	
九〇	一五九二	哱拜	寧夏（寧夏銀川市）	
	一五九三	楊應龍	播州（貴州遵義縣）	

作者按：本書附表七張，及其中說明文字，皆錄自柏楊先生著「中國人史綱」（星光出版社，民國六十八年十一月五版）下册，第二十七、二十八及二十九三章。另外本書所介紹的各位人物，他們的生卒年月與有關帝王年號、紀年等資料，則參考柏楊先生著「中國歷史年表」、「中國帝王皇后親王公主世系錄」（以上二書亦皆爲星光出版社出版），及麥仲貴先生著「明清儒學家著述生卒年表」（臺灣學生書局印行）。

『中國歷代經典寶庫』《青少年版》出版的話

一個中國古典知識大衆化的構想

◎高上秦

許多討論或研究中國文化的學者，大概都承認一樁事實：中國文化的基調，是傾向於人間的；是關心人生，參與人生，反映人生的。我們的聖賢才智，歷代著述，大多圍繞著一個主題，治亂興廢與世道人心。無論是春秋戰國的諸子哲學，漢魏各家的傳經事業，韓柳歐蘇的道德文章，程朱陸王的心性義理；無論是貴族屈原的憂患獨歎，樵夫惠能的頓悟衆生；無論是先民傳唱的詩歌、戲曲、村里講談的平話、小說……等等種種，隨時都洋溢著那樣強烈的平民性格、鄉土芬芳，以及它那無所不備的人倫大愛；一種對平凡事物的尊敬，對社會家國的情懷，對蒼生萬有的期待，激盪交融，相互輝耀，繽紛燦爛的造成了中國。平易近人、博大久遠的中國。

可是，生為這一個文化傳承者的現代中國人，對於這樣一個親民愛人、胸懷天下的文明，這樣一個塑造了我們、呵護了我們幾千年的文化母體，可有多少認識？多少理解？又有多少接觸的機會，把握的可能呢？

一般社會大衆暫且不提，就是我們的莘莘學子、讀書人，受了十幾年的現代教育以後，究竟讀過幾部歷代的經典古籍？瞭解幾許先人的經驗智慧？當年林語堂先生就曾感嘆過，現在的大學畢業生，連「中國幾種重要叢書都未曾見過」，遑論其他？

特別是近年以來，升學主義的壓力，耗損了廣大學子的精神、體力；美西文明的風行，導引了智識之士的思慮、習尚；電視、電影和一般大衆媒體的普遍流通，更造成了一個官能文化當道，社會價值浮動的生活形態。美國學者雷文孫所說的當代世界是一個「沒有圍牆的博物館」，固然鮮明了這一現象，但眞正的問題，却在於我們的根性尚未紮穩，就已目迷五色的跌入了傳播學者所批評的「優勢文化」的輻射圈內，失去了自我的特質與創造的能力。

何況，近代的中國還面對了內外雙重的文化焦慮。自內在而言，白話文學運動固然開發了俚語俗言的活力，提升了大衆文學的地位，覺悟到社會羣體的知識參與力，却相對的減損了我們對中國古典知識的傳承力；以往屬於孩童啓蒙的「小學」教育，屬於讀書人必備的「經學」常識，都在新式教育的推動下，變得無比艱澀與隔閡了。自外在而言，五四以來的西化怒潮，不斷開展了對西方經驗的學習，對傳統意識的批判，意興風發的營造了我們的時代感覺與世界精神，爲我們的現代化打下了一定程度的基礎；它也同時疾風迅雨般衝刷著中國備受誤解的文明，削弱了我們的文化認同與歷史根源，使我們在現代化的整體架構上模糊了著力的點，漫漶了精神的面。

將近五十年前，國際聯合會教育考察團曾對我國教育作過一次深入的探訪，在報告書中，一針見血的指出：歐洲力量的來源，經常是透過古代文明的再發現與新認識而而達至；中國的教育也理當如此，才能眞實發揮它的民族性與創造性。

事實上，現代的學術研究，也紛紛肯定了相似的論點。文化人類學所剖示的，每一個文化都有它的殊異性與持續性；知識社會學所探討的，一個文化的强大背景與典範人物，常常是新一代創造者的「支援意識」的能源；而李約瑟更直截了當的說，除了科技以外，其他文化的成果是沒有普遍性的。在這裏，當我們回溯了現代中國的種種內在、外在與現實的條件之餘，中國文化風格的深透再造，中國古典知識的普遍傳承，更成了炎黃子孫無可推卸的天職了。

「中國歷代經典寶庫」青少年版的編輯印行，就是這樣一份反省與辨認的開展。

在中國傳延千古的史實裏，我們也都看到，每當一次改朝換代或重大的社會變遷之餘，都有許多沈潛會通的有心人站出來，顛沛造次，心志不移的汲汲於興滅繼絕的文化整理、傳道解惑的知識普及——孔子的彙編古籍、有教無類，劉尚的校理衆書、編目提要，鄭玄的博古知今、遍註羣經；乃至於孔穎達的「五經正義」，朱熹的「四書集註」，王心齋的深入民衆、樂學教育……他們或以個人的力量，或由政府的推動，分別爲中國文化做了修舊起廢、變通傳承的偉大事業。

民國以來，也有過整理國故的呼籲、讀經運動的倡行；商務印書館更曾經編選印行了相當數量、不同種類的古書今釋語譯。遺憾的是，時代的變動太大，現實的條件也差，少數提倡者的陳義過高，拙於宣導，以及若干出版物的偏於學術界或知識份子的需要；這一切，都使得歷代經典的再生，和它的大衆化，離了題，觸了礁。

當我們著手於這項工作的時候，我們一方面感動於前人的努力，一方面也考慮了當前的需求，從過去疏漏了的若干問題開始，提出了我們這個中國古典知識大衆化的構想與做法。

我們的基本態度是：中國的古典知識，應該而且必須由全民所共享。它們不是知識份子的專利，也不是少數學人的獨寵，我們希望它能進入到大衆的生活裏去，也希望大衆都能參與到這一文化傳承的事業中來；何況，這些歷代相傳的經典，又有那麼多的平民色彩，那麼大的生活意義——說得更澈底些，這類經典，大部份還是平民大衆自身的創造與表現。大家怎麼能眼睁睁的放棄了這一古典寶藏的主權呢？

爲此，我們邀請的每一位編撰人，除了文筆的流暢生動外，同時希望他能擁有古典的與現代的知識，並且是長期居住或成長於國內的專家、學者，對當前現實有一適當的理解與同情。在這基礎上，歷代經典的重新編撰，方始具備了活潑明白、深入淺出、趣味化、生活化的蘊義。

也是爲此，我們首先爲這套書訂定了「青少年版」的名目。我們也曾考慮過一些其他的字眼，譬如「國民版」、「家庭版」等等，研擬再三，我們還是選擇了「

青少年版」。畢竟，這是一種文化紮根的事業，紮根當然是愈早愈好。在最有吸收力、閱讀力的年歲，在最能培養人生情趣和理想的時候，我們的青少年朋友就能與這些清澈的智慧、廣博的經驗爲友，接觸到千古不朽的思考和創造，而我們所謂的「中國古典知識大衆化」，才不會是一句口號。

這也意味了我們對編撰人寫作態度的懇盼，以及我們對社會羣體的邀請。但願透過這樣的方式，讓中國的知識、中國的創作，能夠回流反哺，回到每一個中國家庭裏，使每一位具有國中程度以上的中華子民，都喜愛它、閱讀它。

我們深深明白中國文化的豐美，它的包容與廣大。每一時代，每一情境，都有不同的創作與反省；它們或驚或嘆、或悲或喜，或溫柔敦厚、或鵬飛萬里，雖然形式多端、訴求有異，却絲毫無損於它們的完美與貢獻。這也就確定了我們的選書原則：盡可能的多樣化與典範化。像四庫全書對佛典道藏的排斥，像歷代經籍對戲曲小說的貶抑，甚至多數人都忽略了的中國的科技知識、經濟探討、敦煌遺墨，都是我們所不願也不宜偏漏的。

就這樣，我們在時代意義的需求、歷史價值的肯定、多樣內容的考量下，從廿五萬三千餘册的古籍舊藏裏，歸納綜合，選擇了目前呈現在諸位面前的六十五部經典。這是我們開發中國古典知識能源的第一步，希望不久的將來，我們能繼續跨出第二步、第三步……

我們所以採用「經典」二字為這六十五部書的結集定名，一方面是——說文解字所解釋的，「經」是一種有條不紊的編織排列；廣韻所說的，「典」是一種法，一種規則。它們的交織運作，正可以系統的演繹了中國文化的風格面貌，給出我們日常行為的規範，生活的秩序，情感的條理。另一方面——也是採用了章太炎先生的說法：它們是「當代記述較多而常要翻閱的」一些書。我們相信，中國文化的恢宏壯麗，必須在這樣的襟懷中才能有所把握。

與這個信念相表裏，我們在這六十五部經典的編印上，不作分類也不予編號。這套經典對我們是一體同尊的，改寫以後也大都同樣親切可讀，我們企冀於提供的，是一套比較完備的古典知識。無論古代中國七略四部的編目，或現代西方科技分類的正名，都易扭曲了它們的形象，阻礙了可能的欣賞，這就大大違反我們出版這套書的諦旨了。

但在另一重意義上，我們卻分別為舊典賦予了新的書名，用現代的語言烘托原書的精神，增進讀者對它的親和力；當然，這也意味了它是一種新的解釋，是我們以現代的編撰形式和生活現實來再認的古典。

也是在這種實質的，閱讀的要求下，我們不得不對原書有所去取，有所融滙與變通。譬如，原典最大的「資治通鑑」，將近三百卷的皇皇巨著，本身就是一個雄偉的書中帝國，一般大衆實難輕易的一窺堂奥。新版的「帝王的鏡子」做了提玄勾要的梳理，形式也類同袁樞「通鑑紀事本末」的體裁，把它作了故事性的改寫，雖然字數濃縮了，却在不失原典題旨的照顧下，提供了一份非專業的認知。其他的部份經典，也有類似的寫法。這方面，歐美出版界倒有不少可供我們借鑑的例子。遠的不談，就以湯恩比的「歷史研究」來說，前六册出版了未及十年，桑馬威爾就爲它作了濃縮至六分之一的大衆節本，暢銷一時，並曾獲得湯氏本人的大大讚賞。我們的作法雖不必盡同，但精神却是一致的。

再如原書最少的老子「道德經」，這部被美國學者蒲克明肯定爲未來大同世界家喩戶曉的一部書，短短五千言，我們却相對的擴充、闡釋，完成了十來萬字的「生命的大智慧」。又如「左傳」、「史記」、「戰國策」等書，原有若干重疊的記述，經過編撰人的相互硏討，各有刪節，避免了雷同繁複。……由於歷代經典的繽紛多彩，體裁富麗，筆路萬殊，各編撰人曾有過集體的討論，也有過個別的協調，分別作成了若干不同的體例原則，交互運用，以便充分發皇原典精神，又能照顧現實需要，爲廣大讀者打出一把把邁入經典大門的鑰匙。

無論如何，重新編寫後的這套書，畢竟仍是每一位編撰者的心血結晶，知識成果。我們明白，經典的解釋原有各種不同的學說流派，在重新編寫的過程裏，每一位編撰者的參酌採用，個人發揮我都寄寓了最高的尊重。

除了經典的編撰改寫以外，我們同時蒐集了各種有關的文物圖片千餘幀，分別編入各書。在這些「文物選粹」中，也許更容易讓我們一目了然的感知到中國：那樣樸素生動的陶的文化，剛健恢宏的銅的文化，溫潤高潔的玉的文化，細緻優美的瓷的文化；那些刻寫在竹簡、絲帛上的歷史，那些遺落在荒山、野地裏的器物；那些意隨筆動的書法，那文章，那繪畫……正如浩瀚的中國歷代經典一般，那一樣不足以驚天地而泣鬼神？那一樣不是先民們偉大想像與勤懇工作的結晶？看起來，它們是一幅幅獨立存在的作品，一件件各自完整的文物，然而它們每一樣都代表了中國，都煥發出中國文化緜延不盡的特質。它們也和這些經典的作者一樣，是彼此相屬、相生、相成的。

這套書，分別附上了原典或原典精華，不只是强調原典的不可或廢，更在於牽引有心的讀者，循序漸進，自淺而深。但願我們的青少年，在舉一反三、觸類旁通之餘，更能一層層走向原典，去作更高深的研究，締造更豐沛的成果；上下古今，縱橫萬里，爲中國文化傳香火於天下。

是的，我們衷心希望，這套「中國歷代經典寶庫」青少年版的編印，將是一扇現代人開向古典的窗；是一聲歷史投給現代的呼喚；是一種關切與擁抱中國的開始；它也將是一盞盞文化的燈火，在漫漫書海中，照出一條知識的，遠航的路——

也許，若干年後，今天這套書的讀者裏，也有人走入這一偉大的文化殿堂，與先聖先賢並肩論道，弦歌不輟，永世長青的開啓著、建構著未來無數個世代的中國心靈！

歷史在期待。

（民國六十九年歲末於臺灣臺北）

附記：雖然，編輯部同仁曾盡了最大的力氣，但我們知道，這套書必然仍有不少缺點，不少無可避免的偏差或遺誤。我們十分樂意各界人士對它的批評、指正，這不僅是未來修訂時的參考，也將是我們下一步出版經典叢書的依據。

【開卷】叢書古典系列

中國歷代經典寶庫 **明儒學案**

編撰者──方　武
校　　對──方　武・周淑貞・曹尚斌
董事長
發行人──孫思照
總經理──莫昭平
總編輯──林馨琴
出版者──時報文化出版企業股份有限公司
10803台北市和平西路三段240號三樓
發行專線──(02)2306-6842
讀者服務專線──0800-231-705・(02)2304-7103
讀者服務傳眞──(02)2304-6858
郵撥──19344724時報文化出版公司
信箱──台北郵政79～99信箱
時報悅讀網──http://www.readingtimes.com.tw
電子郵件信箱──liter@readingtimes.com.tw

印　　刷──盈昌印刷股份有限公司
袖珍本50開初版──一九八七年元月十五日
三版五刷──二〇〇七年十月二十三日
袖珍本59種65冊
定價新台幣單冊100元・全套6500元

⊙行政院新聞局局版北市業字第八〇號

ISBN 957-13-1485-4

國立中央圖書館出版品預行編目資料

明儒學案 : 民族文化再覺醒 / 方武編撰. -- 二
版. -- 臺北市 : 時報文化, 1994[民83]
面;　　公分. -- (開卷叢書. 古典系列)(中
國歷代經典寶庫 ; 16)
ISBN 957-13-1485-4(50K平裝)

1.明儒學案 - 通俗作品

126　　　　83011329